알트코인
하이퍼사이클

일러두기

1. 우리나라의 「특정 금융거래정보의 보고 및 이용 등에 관한 법률」에서는 비트코인, 알트코인 등을 '가상자산'으로 칭하고 있지만 이 책에서는 보다 대중적인 용어인 '암호화폐(코인)'으로 지칭하였습니다.

2. 이 책에서 소개하는 정보는 투자에 대한 조언일 뿐, 투자에 대한 최종 판단과 책임은 투자자 본인에게 있음을 알립니다.

3. 이 책에 수록된 '알트코인 컬렉션'에 소개된 코인들의 정보는 2024년 11~12월 초의 'CoinMarketCap' 기준입니다. 또한 투자자를 위한 참고 자료일 뿐 특정 코인에 대한 투자 권유가 아님을 밝힙니다.

알트코인 하이퍼사이클

신민철(처리형) 지음

ALTCOIN HYPER CYCLE

역사적 상승장이 선사할 압도적 기회

거인의 정원

작가의 말

어느새 세 번째 책을 집필하게 되었습니다. 저는 첫 책인《돈의 규칙》과 두 번째 책인《비트코인 슈퍼 사이클》을 통해 일관되게 부자되는 방법에 대해 얘기해 왔습니다. 그리고 세 번째 책인 이번《알트코인 하이퍼 사이클》에서도 마찬가지로 그 방법에 대해 얘기해 보려고 합니다. 사람들과 대화를 나누다 보면 대부분 부자가 되는 일을 남의 일처럼 여기는 경향이 있단 걸 느낍니다. 부자가 되는 건 선택받은 소수만이 가능한 일이고, 자신에게는 일어나지 않을 일처럼 여긴다는 사실을 접할 때마다, 제가 해야 할 일에 대한 사명감이 다시 불타오릅니다.

저는 사람들에게 부자가 되는 것이 전혀 어려운 일이 아니라는 사실을 알리고 싶습니다. 자본주의와 돈에 생리에 대해 이해하고, 정확한 규칙 내에서 효율적인 방법을 적용하면 마치 과학처럼 완벽하게, 공식대로 일어나는 일이란 사실을 알려드리고 싶습니다. 사람들이 부자가 되는 방법을 모르는 이유는 단순히 배우지 못했기 때문입니다. 방법을 알면 정말 쉬운데, 방법을 모르기 때문에 이루지 못하는 것이라고 생각합니다. 저는 첫 책의 집필을 시작할 때부터 지금까지 바로 그 방법을 알려드리기 위해 책을 쓰고 있습니다.

알트코인 하이퍼 사이클

배우기만 한다면 '자본주의의 규칙'은 결코 어렵지 않습니다. 그 규칙 내에서 돈을 버는 일도 어렵지 않습니다. 단순히 배워서 알고 행하기만 하면 됩니다. 나머지는 반복적인 실행의 문제일 뿐입니다. 이 사실을 알게 되면 더 이상 부자가 되는 일이 남의 일이 아니게 됩니다. 시간이 지나면 반드시 이루어질 나의 일이 됩니다.

더 이상 부자가 되는 영화의 관객으로 살지 않았으면 합니다. 당장 주인공이 되세요. 여러분은 그럴 자격이 있습니다. 우선 이 책을 통해 그 방법의 일부분을 배우시길 바랍니다. 그리고 시간이 되신다면 저의 다른 저서인 《돈의 규칙》과 《비트코인 슈퍼 사이클》도 읽어보셨으면 좋겠습니다. 몰랐을 때와 완전히 다른 새로운 세상을 만나게 되실 거라 확신합니다.

2024년 12월, 신민철

차례

PART
1

인생을 바꿀 알트코인
하이퍼 사이클을 잡아라

알트코인 투자 전에
꼭 알아야 할 것들

PART

3

알트코인
카테고리

PART 4

알트코인
실전 투자법

2023년, 비트코인이 1년 간의 하락세를 끝내고 상승세로 전환되었다. 새로운 사이클의 시작이었다. 2023년 3월 비트코인 가격이 아직 2,000만 원대를 벗어나지 못하고 있던 시기에 나는 '비트코인 사이클'이 시작되었음을 알리며 비트코인에 투자할 것을 주장했다. 물론 아무도 듣지 않았다. 당시 비트코인은 고점 대비 70%가 넘게 폭락한 상황이었고, 당연히 투심(투자 심리)은 최악이던 때였다. 그런 상황에서 "이제부터 상승장이 시작된다"고 얘기한다면 누가 그 말을 믿을까? 하지만 비트코인 가격은 실제로 그때 즈음부터 반등하기 시작하였고, 결국 1년이 채 지나기 전에 4배 가까이 상승했다.

사람들이 투자를 어려워하는 이유는 단순하다. 투자는 현재 보이는 현상에 대한 행위가 아니다. 아직 보이지 않지만 곧 나타나게 될 현상에 대한 행위이다. 아직 가치를 인정받지 못하지만 시간이 흐르면 사람들이 알게 될 가치에 대해 미리 투자하는 행위이다. 따라서 투자는 필연적으로 앞을 내다볼 수 있는 힘을 필요로 한다. 그런데 사람들에게는 이것이 어렵다. 지금 일어나고 있는 일을 파악하고 분석하는 것은 쉽지만, 아직 일어나지 않은 일을 미리 예측하는 건 소수의 재능있는 사람들에게만 가능한 영역인 것이다.

그런데 정말 그럴까?

나는 정상 범위의 두뇌 능력을 소유하고 있는 사람이라면 누구나 투자를 위한 약간의 통찰을 발휘하는 것이 가능하다고 생각한다. 누구나 할 수 있다. 그런데 왜 못하는 것일까? 훈련되어 있지 않기 때문이다. 제아무리 뛰어난 재능을 가진 사람이라도 연습을 전혀 하지 않고서 프로가 될 수는 없다. 마찬가지이다. 투자도 능력이고 따라서 훈련이 필요하다. 하지만 대부분의 사람들은 투자에 대한 훈련을 받은 적이 없다. 태어나서 대학을 졸업할 때까지 투자는커녕 돈 버는 방법에 대해서 어느 누구도 알려주지 않기 때문이다. 누구나 할 수 있는 일이지만 아무도 배우지 않았기에 대부분 하지 못할 뿐이다.

하지만 이러한 전말을 알게 되면 오히려 더 큰 희망을 가질 수 있다. '대부분의 사람들이 제대로 하는 방법을 모르고 있다면 나는 그 방법을 조금만 익혀도 우위에 설 수 있지 않을까?' 그렇다. 투자는 조금만 훈련하면 그 누구라도 보통 사람들보다 우위에 설 수 있다. 다만, 여기에는 한계가 있다. 조금 잘 하는 정도로는 의미 있는 이득을 얻기 어렵기 때문이다. 기존에 우리가 알고 있는 투자를 들자면 대체로 주식, 부동산,

채권, 금과 같은 자산들에 대한 투자일 것이다. 하지만 일반인이 이런 자산들로 돈을 번다는 것은 하늘의 별 따기와 같이 어려운 일이다. 이러한 자산들은 이미 고도화된 투자 기법과 시스템이 정립되어 있고, 무엇보다 변수가 많기 때문이다. 변수가 많아지면 필연적으로 정보를 필요로 한다. 하지만 기관과 세력들이 꽉 잡고 있는 투자 시장에서 일반인이 중요한 정보를 선취한다는 것은 거의 불가능에 가깝다. 따라서 늘 한발 늦은 대응을 할 수밖에 없으며 결국 전문 투자자들의 먹잇감이 될 뿐이다.

주식은 기업의 미래 현금 흐름을 현재 가치로 환산하여 밸류에이션 **Valuation**(가치평가)하는 자산이다. 지금 벌고 있는 돈이 100원이어도 미래에 1,000원, 1만 원을 벌 수 있다는 평가를 받으면 기업의 가치는 몇 배로 뛴다. 하지만 반대로 미래에 1만 원을 벌 것이라 생각했던 기업이 실은 1,000원 밖에 못 벌 것이란 판단이 들면 가격이 무자비하게 하락할 수도 있다. 이처럼 미래가치 **Future Value**에 대한 평가가 주가를 결정하는 기본 원리인데, 문제는 이러한 미래가치를 적절하게 평가하기 매우 어렵다는 것이다.

노키아 **Nokia**는 한 때 휴대폰 시장에서 절대적 점유율을 지닌 독점 기업이었지만, 애플의 아이폰이 등장하며 순식간에 사운이 기울었다. 이후 애플은 10년이 넘는 시간 동안 '모바일 웨이브'의 선두 주자가 되어 세계에서 가장 가치 있는 기업으로 성장했다. 하지만 이런 애플조차 새로운 시대의 'AI'라는 변화에 빠르게 적응하지 못하고 결국 1위 기업의 자리를 내주고 말았다. 과거 미국 주식의 역사를 보면 그 어떤 기업도

15년 이상 1위 자리를 유지하지 못했는데 애플 역시 정확히 그 15년의 벽에 걸리고 만 것이다. 이처럼 세계에서 가장 잘나가는 기업조차 언제 어떻게 될지 모르는 게 산업과 기업의 생태계이다. 그런데 일개 개인들이 수년 후, 십수 년 후 기업의 미래를 어떻게 예측할 수 있을까? 당연히 불가능하다. 따라서 정확한 정보를 토대로 한 기업가치Enterprise Value의 산정이 어려워지고, 결국 제대로 된 목표 가격을 산정하는 것 역시 요원한 일이 되어버린다. 자신이 투자하는 주식이 현재 가치로 얼마가 적절한지조차 모르고 투자를 할 수밖에 없다는 것이다. 순전히 운과 인문학적 통찰에 기댄 예측 투자, 예언 투자가 되고 만다.

부동산의 경우는 어떨까? 부동산은 1900년대 중반 이후 전 세계적으로 수많은 부를 일궈낸 인류 최고의 자산 중 하나이다. 특히 대한민국에서는 부동산이야말로 부자가 되기 위한 유일한 방법이자 가장 빠른 길로 통하는 실정이다. 하지만 부동산 역시 일반인들이 투자를 하기에 쉽지 않은 자산이다. 우선 개별 자산의 단가가 높기 때문에 최초 접근성이 너무 떨어진다. 주식이야 용돈으로도 할 수 있지만 부동산은 시작할 때부터 어느 정도 규모의 목돈이 필요하다. 2000년대 이후로는 부동산의 가격이 너무 많이 올라, 현시대의 젊은 세대들은 부모 세대의 도움이 없다면 최초 투자를 하는 것조차 불가능한 현실이다. 또한 부동산은 정책의 영향을 너무 많이 받는다. 2020년 코로나19 이후 대대적인 금리 인하로 인해 전국의 부동산 가격이 들끓었던 시절을 기억할 것이다. 이후 부동산을 안정시키기 위한 수많은 정책들이 나왔고, 어떤 정책은 되려 가격을 올려버리는 역효과를 내기도 했다. 결과와 상관없이 부동산 가격은 이러한 정책의 영향력을 피해 갈 방법이 없다. 규제를 통해 사실상 매매 자체를 막아 버린다면 사고 싶어도 살 방법이 없어지기 때문이다.

게다가 부동산은 다른 자산들과 비교했을 때 '사용성'이라는 측면이 가치의 상당 부분을 차지한다는 특성이 있다. 부동산의 경우 궁극적인 목적은 해당 건물이나 토지를 이용하는 것이다. 그것이 거주를 목적으로 하든 상업적 이용을 목적으로 하든 어쨌든 해당 물건을 활용하는 것이 가치의 상당 부분을 차지한다. 문제는 이러한 사용성의 경우 자산으로서의 가치를 측정하기 어렵다는 맹점이 존재한다. 예를 들어 10억 원짜리 아파트가 있다고 할 때, 이 10억 원 중 몇 억이 아파트 자체(사용 목적)의 가치이고, 몇 억 원이 투자 자산(가치저장 목적)으로서의 가치일까? 분명하게 나누기가 어렵다. 따라서 자산으로서의 가치를 정확히 산정하는데도 어려움이 따른다. 명확한 근거가 부족하기 때문이다.

채권의 경우는 어떨까? 과거에는 개인이 채권 투자를 하는 경우가 거의 없었지만 요즘에는 개인이 접근 가능한 채권 상품이 많아지며 꽤 활발해진 것으로 알려져 있다. 특히 2022년 이후 고금리 기조가 되면서 채권 투자로 발을 돌린 개인이 많아졌다. 하지만 2022년이야말로 채권 투자자에겐 지옥과 같은 시간이었다. 금리가 상승하면서 채권 금리와 반대로 움직이는 채권 가격은 20% 가까이 급락했다. 안전자산의 대명사로 불리는 채권 가격이 20%나 하락한 것은 엄청난 사건이다.

왜 이런 일이 일어났을까? 미국 연준Fed(연방준비제도)의 실패한 통화 정책 때문이다. 코로나19 당시 너무 많은 돈을 풀었고, 그렇게 푼 돈줄을 조이는 타이밍이 늦었다. 뒤늦은 대응 덕분에 금리를 급격하게 올려야 했고, 금리와 반대로 가는 채권 가격이 급락한 것이다. 동시에 미국 재무부가 너무 많은 부채를 발행한 탓이기도 하다. 미국 정부는 2024년 기준 매 100일마다 1조 달러에 가까운 부채를 발행하고 있다. 또한 부채의 특성상 이자가 이자를 부르기 때문에 그 속도는 점점 더 빨라지고 있다. 미국의 부채가 늘어난다는 얘기는 그만큼 많은 채권이 발행된다는 뜻이며, 많은 채권이 발행되면 채권의 가격은 당연히 하락할 수밖에 없다. 즉, 채권의 운명은 순전히 그것을 발행하는 기관(그것이 국가이든 공공기관이든 기업이든)의 손에 달려 있는 것이며 채권 보유자는 사실상 할 수 있는 게 아무것도 없다. 이러한 자산에 투자한다는 것이 얼마나 위험한가?

금은 어떨까? 금의 시가총액의 95%는 '구매력 저장' 목적이다. 금은 수천 년간 그 자체로 화폐로 쓰이거나 대안 화폐로 여겨졌다. 휴대성, 내구성, 분할성, 인식성, 희소성이라고 하는 돈의 특성 측면에서 최고의 자산이었기 때문이다. 그러한 금의 특성은 오늘날에도 인정받고 있고, 화폐 가치 하락을 흡수하는 역할을 부여받고 있다. 즉, 금이 가지는 자산으로서의 가치는 대부분 고유한 가치저장 수단으로서의 역할인 것이다. 그런데 문제가 있다. 21세기 디지털 시대에 사용하기에는 시대에 너무 뒤처진 특성이 많다는 점이다. 과거에는 금이 조개껍질이나 소금보다 '구매력 저장' 수단으로서의 특성이 뛰어났을 것이다. 썩지 않고 잘 부서지지 않고, 비교적 쉽게 나눌 수 있으며 희소했으니까. 하지만 현대에는 어떤가. 금을 가지고 다니면서 거래하는 모습을 생각해 보라. 너무 크고 무겁고 불편하다. 그래서 금은 이제 더 이상 실물로서 거래되지 않는다. 전 세계에서 발생하는 금 거래의 90% 이상은 디지털, 그러니까 인터넷상에서 거래된다. 하지만 금은 실물을 가지고 있어야만 가치가 있는 자산이다. 그런 금을 인터넷으로 거래한다는 것은 무슨 의미일까? 실제의 금은 어딘가 보관소에 보관되어 있고, 그것에 대한 '소유 권리증'만 거래한다는 뜻이다. 이것은 비효율적이며 비합리적인 모순이다. 실물이어야 가치가 있는 금을 소유권만 가지고 거래를 하다니… 사리에 맞지 않지만 어쩔 수 없는 현실이다. 금이 '물리적 실체'를 가진다는 한계를 가지고 있기 때문이다.

바로 이러한 지점에서 비트코인은 기존의 아날로그 세상에 존재하지 않던 완전히 새로운 패러다임이다. 비트코인을 한 마디로 정의하자면 '네이티브 디지털 애셋'이다. 즉, 태생부터 디지털로 만들어진 자산이라는 뜻이다. 비트코인은 실물로 존재하지 않는다. 얼핏 보면 단점 같지만 장점이다. 금과 비교해 보면 그 특성을 분명히 알 수 있다.

- 내구성: 금은 단단하지만 파괴될 수 있다. 비트코인은 영원히 파괴되지 않는다.
- 휴대성: 금은 가지고 다니기에 크고 무겁다. 비트코인은 가지고 다닐 필요조차 없다.
- 분할성: 금을 분할하기 위해선 특별한 작업이 필요하다. 비트코인은 1억 분의 1까지 그냥 나눌 수 있다.
- 인식성: 금은 전문가가 아니면 진위를 구별하기 어렵다. 비트코인은 네트워크상에서 아무런 노력 없이 검증된다.
- 희소성: 금은 희소하지만 매장량에 한계를 모른다. 인플레이션율도 1.5% 정도다. 비트

코인은 최대 발행량이 2,100만 개로 한정되어 있다. 인플레이션율도 0.8% 정도로 금보다 낮다.

구매력 저장 수단이라는 측면에서 모든 점이 금보다 낫다. 그마저도 발행량이 4년마다 절반으로 줄어든다. 결정적으로 차이가 나는 부분은 '아날로그 자산'이냐 '디지털 자산'이냐 하는 부분이다. 금은 태생이 아날로그 자산이다. 현실 세계에 실물로서 존재해야만 가치가 있다. 실물은 없는 상태에서 소유권만 거래하는 것은 가치가 떨어지고 리스크가 크다. 반면 비트코인은 태생이 디지털 자산이다. 따라서 디지털 세계에 실물로서 존재한다. 디지털 세계에 실물로 존재한다는 게 무슨 의미일까? 금과는 다르게 인터넷상에서 거래될 때 실물이 이동한다는 뜻이다. 이것은 혁명적인 사건이다. 비트코인 이전의 모든 자산은 인터넷상으로 거래될 때 '소유권'만 이전되는 형태였다. 그럴 수밖에 없는 것이 모두가 아날로그 자산이기 때문이다. 하지만 비트코인은 최초의 '네이티브 디지털 에셋**Native Digital Asset**'이기 때문에 인터넷상에서 실물 거래가 가능한 최초의 자산이 되었다. 이것이 비트코인이 패러다임의 변화인 이유다.

이런 얘기를 하면 가끔 '비트코인이 왜 실물이냐. 실체도 없는데…'라는 질문을 하는 사람들이 있다. 그런 사람들에게 이렇게 되묻고 싶다. '그럼 인터넷은 실물인가 아닌가? 카카오톡은 실물인가 아닌가?' 그럼 이런 질문이 되돌아온다. '인터넷과 카카오톡은 이렇게 화면에 보이는데요?' 그럼 나는 거래소 앱을 띄워 화면 속에 존재하는 비트코인을 보여준다. 무엇이 다른가?

이해가 되었으면 좋겠다. 디지털 세상에 존재하는 것은 그 자체로 또 하나의 실물이다. 꼭 '물리적' 형태로 존재해야만 실물인 것은 아니다. 사실 우리는 그러한 사실을 오래전부터 알고 있었다. 대부분 인터넷 위에서만 존재하는 상품에 돈을 지불해 본 적이 한두 번쯤은 있을 것이다. 이모티콘이 되었든 게임 아이템이 되었든, 그러한 상품들에 대해 생각해 보자. '물리적 실체'는 존재하지 않는다. 화면 속에 보이는 모습도 엄연히 그 상품의 실체는 아니다. 그것들은 단지 0과 1로 이뤄진 디지털 코드에 불과하다. 하지만 디지털 세계 속에서는 엄연히 살아 숨 쉬는 실체이자 실물이다. 비트코인도 마찬가지이다. 비트코인은 그 자체로는 화폐의 특성을 가지도록 프로그래밍된 '인터넷 머니'에 불과하다. 하지만 그 나름의 가치와 특성을 보존한 채 디지털 세계 속에 엄연히 '실물'로서 존재하고 있다. 그리고 비트코인이 가지는 가장 중요한 가치와 특성이 바로 '제3자의 개입 없이 디지털로 실물을 주고받을 수 있다'가 되는 것이다. 이러한 특성으로 인해 비트코인은 아날로그보다 디지털이 중요해지는 21세기에 금보다 뛰어난 '구매력 저장' 수단이 될 수 있다. 아직 그렇게 널리 인정받고 있지 못하지만 멀지 않은 미래에 반드시 그렇게 될 것이다.

비트코인은 이렇게 기존 세상에는 없던 새로운 카테고리의 자산이다. 그리고 이런 신생 자산이 2024년 1월 미국에서 현물 ETF(상장지수펀드) 승인을 받으면서 전통 금융에 편입될 수 있는 기반이 마련되었다. 앞으로 주식, 채권, 부동산, 상품 시장 등 수많은 자산에 분포되어 있던

'구매력 저장' 목적의 잉여 유동성이 비트코인으로 일부 유입되기 시작할 것이다. 아날로그 자산으로부터 디지털 자산으로 자산이 이동하는 '돈의 대이동'이 시작되는 것이다.

역사적으로 큰돈을 벌 수 있는 기회는 늘 시대의 변화와 함께 찾아왔다. 2000년대 인터넷, 2010년대 모바일, 그리고 현재는 AI와 블록체인이 그 변화의 중심이다. 이러한 시대의 변화는 새로운 기회를 창출하고, 그 기회의 과실을 얻기 위해 과거 산업에 묶여 있던 유동성이 신생 산업으로 흘러들어오게 만든다. 바로 그 과정에서 새로운 산업은 기하급수적으로 성장하게 되며, 곧 큰 부를 만드는 기회가 되는 것이다. 비트코인은 기존에 존재하지 않던 새로운 자산의 카테고리이며, 패러다임 시프트이다. 물리적 구속에 묶여 있던 아날로그 자산들과 다르게 인터넷 위에서 자유롭게 뛰어놀 수 있는 '네이티브 디지털 에셋'이다. 이러한 절대적 장점을 등에 업고 아날로그 자산들로부터 디지털 자산을 향해 많은 돈이 이동하는 돈의 '디지털 트랜스포메이션Digital Transformation'이 일어날 것이다. 이 돈의 디지털 트랜스포메이션 시기에 수많은 부가 창출될 것은 자명하다.

비트코인은 탄생 이후 지금까지 쉬지 않고 영역을 확장해 왔다. 2024년 기준 비트코인을 1개 이상 보유한 암호화폐 지갑의 숫자가 100만 개를 넘었다. 이렇게 사용자 수가 증가하면서 가격은 계속해서 올라갔다. 앞으로도 수십 년간에 걸쳐 비트코인의 보급률은 증가할 것으로 보인다. 특히 전통 금융과의 연계가 강화된 2024년 이후로는 본격적으로 기관 자금이 대이동할 것으로 예상된다. 현재 비트코인의 보급률은

2000년도의 인터넷과 비슷한 수준이다. 향후 보급률이 증가함에 따라 비트코인으로의 자금 유입 역시 증가할 것이고, 결과적으로 비트코인 가격을 계속해서 밀어 올리게 될 것이다. 반면 비트코인의 공급은 감소 일변도이다. 비트코인은 4년마다 한 번씩 신규 생산량(채굴량)이 절반으로 줄어드는 반감기를 가지도록 설계되어 있기 때문이다. 그런데 비트코인의 가격은 기업의 현금흐름Cash Flow이 중요한 주식이나, 사용 목적이 중요한 부동산과는 다르게 오직 공급과 수요에 의해서만 결정이 된다. 바로 이런 이유로 비트코인은 반감기를 기준으로 4년마다 가격이 크게 변동하는 '비트코인 사이클'이 형성된다는 특징을 가지게 되는 것이다. 바로 이 '사이클'이 비트코인과 암호화폐 투자를 정말 쉽게 만들어주는 핵심적인 특성이다.

비트코인은 주식처럼 기업 실적을 걱정할 필요가 없다. 석 달마다 한 번씩 보고하는 실적 발표를 신경 쓸 필요도 없다. 수년 후의 기업 실적을 내다보기란 너무나 어렵다. 그래서 전문가들이 예측하는 목표 주가조차 그렇게나 자주 틀리는 것이다. 비트코인은 부동산처럼 정권이 어떻게 바뀔지 정책이 어떻게 바뀔지를 신경 쓸 필요도 없다. 그러한 요소들은 비트코인에게 단기적 영향 외에는 거의 영향을 끼치지 못한다. 결과적으로 비트코인은 공급과 수요에 의해 결정되는 '사이클'만 볼 수 있으면 된다. 이것이 비트코인이 기존에 존재하던 모든 자산들과는 확연히 구분되는 '새로운 투자'인 이유이다. 그럼 언제까지 이러한 '사이클'이 이어지게 될까? 보급률의 증가 속도가 더뎌지며 기하급수적 성장이 멈추게 되는 지점까지는 '사이클'이 계속될 것이다. 금의 경우

알트코인 하이퍼 사이클

이미 그러한 기하급수적 성장이 끝난 단계이다. 따라서 사이클이라고 하는 게 존재하지 않는다. 비트코인도 언젠가는 그렇게 될 것이다. 보급률이 크게 올라 새로운 자산의 유입이 줄어들게 되는 단계부터 그렇게 될 것이다. 그 시점까지 적어도 20~30년은 걸릴 것으로 예상한다. 그러니까 4년마다 반복되는 사이클이 아직 5~7회 정도는 이어질 것으로 보인다는 뜻이다.

새로운 카테고리의 자산인 비트코인으로 유동성이 이동하는 '부의 대이동'과 반감기라고 하는 특수한 효과에 의해 발생하는 '비트코인 사이클', 이 두 가지를 이해하고 있으면 앞으로 20~30년 동안의 부의 증식은 따놓은 당상이다. 주식으로 망해보고, 부동산으로 실패해 보고, 채권조차 재미를 못 봤던 수많은 투자자들이여! 이제 모든 시름과 실패를 내려놓기를 바란다. 지금 여기에 완전히 새로운 자산과 투자가 여러분 앞에 준비되어 있다. 기회는 용기를 내는 자의 것이다. 가지고 있던 관념들을 내려놓고 순수한 가슴으로 이제부터 읽게 될 얘기들에 집중해 보기 바란다. 이 책을 집어든 작은 우연 하나가 여러분의 삶을 완전히 뒤바꿔 놓게 될 수도 있다. 선택은 여러분의 몫이다.

비트코인과 암호화폐에 대해 자세히 공부해보고 싶다면 QR 코드를 통해 필자의 홈페이지를 방문해 보기 바란다. 무료로 강의를 제공받을 수 있다.

PART
1

인생을 바꿀
알트코인 하이퍼 사이클을
잡아라

암호화폐는 비트코인 반감기를 중심으로 하는 분명한 사이클이 있다. 알트코인 투자로

큰 수익을 얻기 위해선 알트코인이 어떻게 탄생하게 되었는지, 그리고 비트코인과 어떤

상관관계가 있는지 지난 사이클을 통해 숙지하는 과정이 반드시 필요하다.

PART1에서는 알트코인의 개념과 비트코인과 알트코인의 상관관계, 그리고 지난 사이

클에서의 비트코인과 알트코인의 시세 추이를 통해 다가올 '알트코인 하이퍼 사이클'의

시기가 언제인지를 파악하고자 한다.

알트코인이란?

　모두가 알트코인이란 말을 한 번쯤 들어봤을 것이다. 그럼에도 불구하고 비트코인에 대해서는 모르는 사람이 별로 없지만, 알트코인이란 용어는 아직 생소해 하는 사람들이 많다. 암호화폐의 시초이자 상징은 곧 비트코인이다. 하지만 암호화폐에 대해 공부해 나가다 보면 필연적으로 알트코인을 만나게 된다. 알트코인을 마치 비트코인과 대조되는 하나의 코인처럼 말하곤 하지만 실상 알트코인은 무수하게 많은 코인들로 이루어져 있다. 그런데 대체 이 알트코인이란 무엇을 말하는 걸까?

비트코인의 대안으로 탄생한 알트코인

알트코인의 원래 이름은 '얼터너티브 코인Alternative Coin'으로 이것을 줄여 알트코인Alt-coin이라 부르게 되었다. 말 그대로 얼터너티브, 즉 '대체하는 코인'이란 뜻이다. 무엇을 대체한다는 걸까? 고민할 필요도 없이 비트코인을 대체하기 위함이다.

2008년 비트코인이 세상에 등장한 이후, 점진적으로 인지도를 키우며 성장해 나가던 과정에서 비트코인의 개선을 주장하는 목소리가 커졌다. 모든 1세대 제품들이 그러하듯 인터넷 화폐의 시초였던 비트코인도 성능적인 면에서 완전하지 않았다. 따라서 비트코인의 코드를 조정하여 성능을 개선하자는 의견들이 많았는데, 대부분은 받아들여지지 않았다. 비트코인의 단점으로 보이는 부분들은 그 자체로 비트코인의 특성이자 강점이기도 하기 때문이다.

비트코인은 느리지만, 대신 보안이 유지되며 완전하게 탈중앙화되어 있는 유일한 암호화폐이다. 비트코인은 탄생 이후 지금까지 단 한 차례도 멈춘 적이 없다. 이렇게 단점으로 여겨지던 부분들마저 지금에 와서는 장점으로 부각되기 시작한 비트코인이지만 출시 초기에는 성능을 개선해야 한다는 목소리가 높았다. 하지만 그러한 의견들이 받아들여지지 않자, 일부 프로그래머들이 비트코인 코드를 복제하여 새로운 블록체인 네트워크를 만들기 시작했는데 그러한 코인들이 알트코인의 시초가 되었다.

알트코인이라는 말의 뜻 그대로, 비트코인에 부족한 점이 있으니 이

부분을 개선하는 대안 코인으로서 새로운 코인들이 속속 등장하기 시작했다. 그리고 이런 대안 코인들이 하나둘 늘어남에 따라 새롭게 등장한 코인들을 통틀어 알트코인이라 부르기로 했고, 현재에 이르렀다.

이제와서는 딱히 비트코인의 대안 목적이 아닌 코인들이 훨씬 많다. 하지만 여전히 그들도 알트코인이라 불리고 있다. 따라서 현재 사람들이 말하는 알트코인이란 '비트코인을 제외한 다른 모든 코인들'이라고 보면 된다.

그렇다면 투자자 입장에서 이러한 알트코인의 종류에는 어떤 것이 있고, 각 코인들마다 특성이 어떻게 다른 지 궁금해질 것이다. 하지만 너무 서두르지 말자. 알트코인은 그 종류만 해도 수만 가지가 넘는다. 모든 알트코인을 다 살펴볼 수도 없을 뿐더러, 알트코인마다 특성이 너무나 다르기에 일률적으로 정의를 내리는 것은 무리가 있다. 따라서 각각의 알트코인들에 대한 자세한 사항은 뒤에서 다루기로 하고, 우선 알트코인의 전반적인 특성에 대해 살펴보도록 하겠다. 다만 본 서적이 '알트코인 투자'에 대해 다루고 있는 서적이니 만큼, 알트코인의 의의나 기술적 차별점들에 대해 다루기보다는 '투자 상품으로서의 알트코인'이라는 측면에서 특성들을 살펴볼 예정이라는 점을 미리 고지하고자 한다.

비트코인과 알트코인의 관계성

알트코인은 태생이 비트코인을 기반으로 만들어진 만큼 비트코인과 떼려야 뗄 수 없는 관계에 있다. 2024년 말 기준 전체 암호화폐 시장에서 비트코인이 차지하는 시가총액의 비중은 약 55% 정도이다. 전체 시장 크기가 3조 달러(2024년 11월 기준 암호화폐 시장의 시가총액은 3조 1,000억 달러, 우리 돈으로 약 4,200조 원에 달한다)라고 치면 그중 절반 정도인 1.5조 달러가 비트코인이라는 뜻이다.

그렇다면 전체 암호화폐 시장 내에서 비트코인이 가지고 있는 중요성도 55% 정도일까? 그렇지 않다. 바로 이점이 암호화폐에 처음 투자하는 사람들이 가장 착각하기 쉬운 부분이다.

암호화폐 시장에서 비트코인의 중요성

암호화폐 생태계는 비트코인이라고 하는 기둥뿌리 위에 세워진 구조물이다. 만약 건물의 기둥뿌리가 무너지면 어떻게 될까? 건물 전체가 무너지고 말 것이다. 암호화폐도 마찬가지다. 시장 전체가 비트코인이라고 하는 기둥뿌리를 근간으로 세워진 만큼 비트코인이 전체 시장을 떠받들고 있는 구조이다. 만약 비트코인이 완전히 망가져 0원이 되어버리면 어떻게 될까? 암호화폐 시장 전체가 0원이 될 것이다. 비트코인의 종말은 곧 현존하는 블록체인 산업의 종말을 뜻한다. 무언가 거대한 문제가 발생하여 블록체인 자체가 유지될 수 없게 된 경우일 것이다. 따라서 이런 상황이 발생한다면 비트코인은 물론이거니와 시장 전체가 무너지게 될 것이 불 보듯 뻔하다. 따라서 전체 시가총액상 비트코인의 비중은 55% 정도이지만 실제 비트코인이 암호화폐 시장에서 차지하는 중요도는 99% 이상이라고 봐야 타당하다.

암호화폐 시장에서 비트코인이 가지는 중요성은 코인 투자를 며칠만 해봐도 금방 몸으로 실감할 수 있다. 비트코인 가격이 오를 땐 모든 코인들의 가격이 함께 오른다. 반면 비트코인 가격이 내리면 모든 코인들의 가격이 함께 내린다. 뒤에서 살펴볼 몇몇 특수한 알트코인 시즌 등의 상황을 제외하고는 거의 대부분의 기간 동안 암호화폐 시장 전체가 비트코인 가격의 움직임을 그대로 따른다.

■ 비트코인과 이더리움의 가격 추세

| 2015년 12월 | 2017년 4월 | 2018년 8월 | 2019년 12월 | 2021년 4월 | 2022년 8월 | 2023년 12월 |

—— 비트코인
—— 이더리움

출처: coinhedge.fund

　위의 그래프는 알트코인 중 대장격인 이더리움과 비트코인의 가격 추세 차트를 나란히 비교한 것이다. 진한 파랑색이 비트코인이고 연한 파랑색이 이더리움이다. 어떤가? 완벽하게 동일한 것은 아니지만 두 개의 차트가 거의 일치하며 움직이는 것을 확인할 수 있다.

　이처럼 암호화폐 시장은 전체가 비트코인을 기준으로 움직인다. 마치 태양을 기준으로 행성들이 그 주변을 돌며 공전하는 것과 비슷한 모양새다. 비트코인이 중심에 있고, 나머지 모든 코인들은 각각의 크기에 따라 비트코인 주변을 맴돈다. 태양이 사라지면 태양계의 모든 행성들이 사라질 것이다. 태양계 자체가 유지될 수 없다. 마찬가지로 비트코인 자체가 사라지면 암호화폐 시장 자체가 유지될 수 없다. 태양이 없어 무너지는 태양계처럼 모두 소멸되고 말 것이다.

암호화폐 시장의 리스크 관리는 주식 시장과 다르다

분산 투자라는 말이 있다. 기존 주식 시장에서 분산 투자라고 하면 일반적으로 서로 다른 특성을 가진 여러 주식들에 자금을 조금씩 분산하여 투자하는 것을 말한다. 그리고 이러한 분산 투자는 일반적으로 '로우 리스크-로우 리턴Low Risk-Low Return'의 균형 잡힌 투자법으로 알려져 있다. 주식 시장의 경우 특정한 종목 하나가 전체 시장을 좌우하지 않는다. 물론 시가총액이 큰 주식의 경우 그만큼 시장을 뒤흔들 영향력을 가지고 있기는 하지만, 단기적인 영향으로 그친다. 애플이 코카콜라의 실적에 영향을 주거나, 반대로 코카콜라가 애플의 실적에 영향을 주지는 않는다. 따라서 본질적으로 각 기업들은 개별적인 존재들이며, 서로 간의 연관성은 제한적이다.

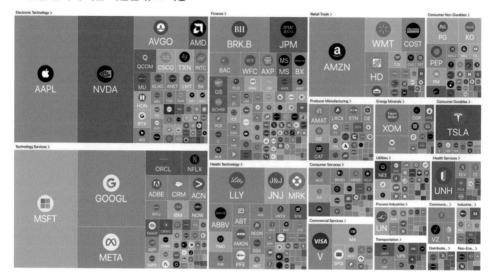

출처: TradingView

　　이러한 이유로 인해 주식 시장의 경우 서로 연관성이 적은 여러 기업들을 조금씩 보유할 경우, 전체 투자 총합의 변동성이 크게 줄어들며 리스크가 낮아진다. 물론 그 대가로 수익성도 낮아지는데, 변동성이 줄어든 만큼 수익률 역시 시장 평균을 따라가게 되기 때문이다. 따라서 전반적으로 로우 리스크-로우 리턴의 포트폴리오를 운영하고 싶은 투자자에게 이러한 분산 투자는 전통적인 해법으로 채택되어 왔다.

주식 시장과 다르게 접근해야 하는 암호화폐 시장

하지만 암호화폐 시장은 완전히 다르다. 앞에서도 설명했듯 암호화
폐는 시장 전체가 비트코인이라는 토대 위에 세워진 형태이다. 따라서
모든 코인의 가격이 비트코인 가격으로부터 영향을 받으며, 변동성도
비트코인이 가장 낮다. 이러한 이유로 암호화폐 시장은 비트코인 하나

■ 2024년 11월 18일 기준 암호화폐 시가총액 순위

# ∧	Name		Price	Chg (24H)	Market Cap
☆ 1	₿	**Bitcoin** BTC	$ 90,571	+0.18%	$ 1.79T
☆ 2	◆	**Ethereum** ETH	$ 3,107	+0.63%	$ 374.88B
☆ 3	₮	**Tether** USDT	$ 1.00	-0.02%	$ 123.03B
☆ 4	●	**Solana** SOL	$ 243.49	+4.87%	$ 115.50B
☆ 5	◈	**BNB** BNB	$ 626.89	+1.50%	$ 91.60B
☆ 6	✕	**XRP** XRP	$ 1.13	+9.88%	$ 63.58B
☆ 7	Ⓓ	**Dogecoin** DOGE	$ 0.371	+6.27%	$ 54.52B
☆ 8	Ⓢ	**USDC** USDC	$ 1.00	0%	$ 35.57B
☆ 9	◈	**Lido Staked Ether** stETH	$ 3,106	+0.61%	$ 30.52B
☆ 10	⬡	**Cardano** ADA	$ 0.743	+4.82%	$ 26.51B

출처: cryptorank.io

에만 집중적으로 투자하는 것이 가장 변동성 낮은 로우 리스크 투자가 된다. 여기에 시가총액 순으로 규모가 더 작은 코인을 하나씩 추가할 때마다 변동성이 증가하게 된다. 대신 시가총액이 큰 코인일수록 상승률도 제한적일 수밖에 없다. 반면 시가총액이 낮은 코인일수록 상승폭도 커질 수 있다. 이러한 이유로 시가총액이 낮은 코인을 추가하면 할수록 '하이 리스크-하이 리턴**High Risk-High Return**'으로 바뀌게 된다.

여러 주식들에 분산 투자할수록 '로우 리스크-로우 리턴'이 되는 주식 시장과 다르게 암호화폐 시장은 시가총액이 낮은 코인들을 추가하면 추가할수록 '하이 리스크-하이 리턴'이 되는 것이다. 암호화폐, 특히 알트코인에 투자하고자 하는 투자자라면 이러한 암호화폐 시장의 특성을 반드시 이해해야 한다. 그래야 효율적으로 리스크를 관리하는 투자를 할 수 있다.

비트코인 사이클을 알아야
알트코인 사이클이 보인다

　이처럼 암호화폐 시장 전체가 비트코인이라는 토대 위에 세워져 있고, 모든 코인이 비트코인을 기반으로 삼으며 가치를 형성한다는 사실을 이해했다면, 그다음으로 알아야 할 사항은 자연스레 비트코인 사이클과의 연관성, 연계성이 될 것이다.

　암호화폐에 조금이라도 투자를 해본 사람이라면 알트코인 가격이 비트코인 가격과 대단히 밀접하게 관련 있다는 걸 쉽게 알 수 있다. 대부분의 알트코인의 가격은 비트코인이 오르면 함께 오르고, 내리면 함께 내린다. 시장 전체가 비트코인을 기반으로 형성되어 있다 보니 당연한 현상이다. 모든 움직임이 비트코인을 기준으로 삼으며 함께 일어난다. 앞서 말했듯 마치 태양계의 모든 행성들이 태양을 중심으로 함께

출처: fxstreet

움직이듯, 비트코인이라는 태양을 중심으로 하여 알트코인이라는 행성들이 공전하는 형태를 취하고 있다.

　위의 사진은 비트코인과 주요 알트코인들의 동조성을 수치로 나타낸 표이다. 1에 가까울수록 가격 흐름이 비슷하다고 보면 되는데, 대부분의 알트코인들이 0.8 이상의 높은 동조성을 가지고 있다(USDT는 1달러에 고정된 스테이블 코인이라 예외). 동조성이 0.8이라는 말은 비트코인과 가격 움직임이 80% 유사하다는 뜻이다. 90%를 넘어가는 알트코인들도 다수 있다. 이처럼 알트코인의 가격 흐름은 비트코인을 그대로 따라가기에 알트코인에 투자한다 하여도 비트코인의 가격 전망을 시야에 넣어두지 않으면 안 된다.

암호화폐 시장의 순환매 사이클

다만, 알트코인이 비트코인과 유사하게 가격이 흘러간다고 하여도 완전하게 동일하게 움직이지는 않는다. 대부분의 시기에 비슷하게 움직이는 것은 맞지만, 그 안에서도 상대적으로 더 많이 오르거나 더 적게 오르는 등 흐름의 차이가 발생하는데, 투자 용어로 이런 현상을 '순환매'라고 부른다. 비트코인이 많이 오를 때 알트코인이 상대적으로 힘을 못 쓰는 경우가 있다. 하지만 한쪽만 영원히 강한 법은 없는 게 세상의 이치이다. 어느 순간이 오면 강했던 비트코인이 상대적으로 약해지고, 약했던 알트코인이 강해지는 때가 온다. 돈의 흐름이 돌고 도는 것이다.

이런 순환매는 거의 모든 시장에서 발생한다. 서울 아파트가 많이 오르면 어느 순간 서울 아파트는 더 오르지 않고, 지방 아파트가 더 오르는 때가 온다. 금이 많이 오르면 어느 순간 은이 더 많이 오르는 때가 온다. 배당주가 많이 오르면 어느 순간 성장주가 더 많이 오르는 때가 온다. 암호화폐 시장에서도 이런 순환매가 비트코인과 알트코인 사이를 돌고 도는 것이다. 그렇다면 구체적으로는 어떤 식으로 순환매가 일어날까?

암호화폐 시장의 순환매가 일어나는 과정

① **비트코인 상승:** 암호화폐 시장의 대장인 비트코인이 먼저 상승을 이끈다.

② **대형 알트코인 상승:** 뒤따라서 부대장격인 시가총액 상위 알트코인(이더리움, 솔라

나, 바이낸스 코인, 리플 등)이 상승한다.

③ **중형 알트코인 상승:** 대형 알트코인들이 오르기 시작하면 본격적인 알트로의 순환매가 시작되고 시가총액이 50위권 내에 들어오는 중형 알트코인들이 오르기 시작한다.

④ **시장 일시 조정:** 이 정도 상승이 오고 나면 일반적으로 조정을 한 차례 겪는다.

⑤ **소형 알트코인 상승:** 이렇게 시장이 정체된 틈을 타 그동안 눈치를 보던 소형 알트코인들이 본격적으로 오른다.

⑥ **시장 횡보:** 소형 알트코인까지 자금 유입이 돌아가는 동안 비트코인과 중형 이상의 알트코인들은 자금 유입이 정체되고 횡보한다.

⑦ **밈 코인 상승:** 시장이 지루해 하는 틈을 타서 자금이 갈 곳을 찾게 되고, 인기만으로 가격이 형성되는 밈 코인들로 향한다. 밈 코인까지 오면 대부분의 자금이 유입된 것으로 당분간은 더 이상 유입될 자금이 없다.

⑧ **시장 조정:** 더 이상 들어올 자금이 없다는 것이 판명되는 순간 시장은 강한 조정을 받는다. 비트코인으로부터 시작되고 알트코인들로 번지는데, 하락폭은 알트코인이 훨씬 심하다.

⑨ **반복:** 위의 과정이 여러 차례 반복되며 암호화폐 시장의 순환매 사이클이 계속 돌아간다.

위 과정이 기본적으로 암호화폐 시장에서 순환매가 일어나는 방식이다. 이것은 이 시장만의 특성은 아니고, 주식 시장이나 부동산 시장에서도 자주 일어나는 패턴이다. 투자자들은 모두 사람이고 사람은 대부분 비슷한 본성을 가지고 있기에 어떤 시장에서든 유사한 패턴이 등장하게 되는 것이다.

주식 시장의 경우도 대장주들이 오르다 점점 중형주, 소형주들로 차례가 번져가고 소형주들이 오를 때 즈음에는 그동안 올랐던 대장주에선 가격 하락이 나타나는 경우가 많다. 그러다 시장이 전반적으로 정체기를 겪을 때 '게임스탑GameStop'과 같은 밈 주식들이 크게 오르며 여기까지 오르고 나면 이후로는 대규모 조정이 찾아오는 경우가 많다.

부동산도 비슷하다. 처음에는 서울 강남권을 중심으로 집값이 오르기 시작하다, 점차 서울 외곽까지 번져나간다. 그렇게 서울권 아파트들의 집값이 모두 오르고 나면 이후 자금은 수도권으로 향하고, 더 나아가 지방으로까지 흐르게 된다. 이때 즈음 먼저 올랐던 서울권 아파트들은 오히려 집값이 더 오르지 않는 경우가 많다. 그러다 점점 오피스텔이나 소형 주택 등 비인기 매물로까지 자금이 흐르고 나면 더 이상 유입될 자금은 없어지고, 부동산 시장은 하락세로 전환된다. 이렇게 투자 시장에서 자주 나오는 기본 패턴이 암호화폐 시장에서도 그대로 재현되는 것이다.

게임스탑 사태
2021년 대형 헤지펀드의 공매도 사태에 대항해 미국의 대형 커뮤니티 '레딧Redit'을 중심으로 개인 투자자들이 비디오 게임 유통사 '게임스탑' 주식을 대규모로 매수하여 폭등시킨 사건이다. 이 사건으로 공매도 세력으로 지목된 헤지펀드 멜빈케피탈 Melvin Capital은 파산하게 된다.

순환매 사이클과 미니 알트 시즌

암호화폐 시장의 사이클은 대장인 비트코인의 반감기 사이클에 맞춰 대략 4년마다 한 번씩 반복된다. 그리고 앞서 설명한 순환매가 한 번의 사이클 동안에도 수차례 발생하게 되는데, 그중에서 알트코인으로 자금이 흐르는 시기를 '미니 알트 시즌' 또는 '미니 알트 불장'이라고 부른다. 왜 미니로 부르느냐 하면 아직 본격적으로 알트코인이 오르는 시기는 아니고, 돈이 돌고 도는 과정에서 일시적으로 순환매가 일어난 것에 불과하기 때문이다.

당연히 우리가 하려고 하는 '알트코인 하이퍼 사이클'의 투자는 이런 미니 알트 시즌을 이용하는 잠깐의 치고 빠지기는 아니다. '추세적으로 지속되면서 강력한 상승 모멘텀을 만들어내는 본격적인 알트코인 시즌을 제대로 활용하는 투자 방법'이다. 이 편이 훨씬 더 안전하면서 높은 수익률을 만들어낼 수 있다.

물론 자신이 암호화폐 시장에 대한 충분한 지식을 갖췄고, 투자에 대한 경험과 트레이딩 기술이 있다면 중간중간 돌아오는 순환매 시즌을 이용해 빠르게 진입 및 청산하는 방법을 이용하는 것도 가능하다. 하지만 이 책을 펼쳐든 독자들이라면 아마 그러한 류의 투자자들은 아닐 것이다. 따라서 이런 미니 알트 시즌은 지식으로만 익혀두고 본격적인 투자는 큰 추세를 이용하는 본격적인 알트코인 시즌을 통해 하겠다는 자세를 갖추는 편을 추천한다.

05

알트코인은 비트코인의
레버리지 파생상품이다

    그렇다면 큰 추세를 타는 본격적인 알트코인 시즌이 시작되는 시기는 언제일까?

    여기에 대해 공부하기 전에 반드시 이해하고 넘어가야 하는 개념이 있다. 사실 앞에서도 어느 정도 다룬 내용이기는 하다. 그것은 바로 '모든 알트코인은 비트코인의 레버리지 파생상품'이라는 개념이다. 이미 설명했듯 암호화폐 시장은 비트코인이라고 하는 초석 위에 세워진 시장이다. 따라서 비트코인이 없이는 존재할 수 없으며, 모든 암호화폐는 기본적으로 비트코인의 가격을 따라가게 된다. 결과적으로 알트코인에 투자한다는 것은 결국 비트코인의 가격 흐름에 투자하는 것과 다름이 없다.

다른 점이 있다면 전반적으로는 비트코인 가격을 따라가되 각각의 알트코인마다 조금씩 다르게 움직이는 부분이 있고, 비트코인보다 가격의 변동성이 훨씬 크다는 점이다. 만약 비트코인 가격이 10% 움직였다고 하면 알트코인의 가격은 15~30% 움직이는 경우가 흔하다. 이처럼 원본 자산과 비교하여 수배 더 큰 변동성으로 움직이는 자산을 보통 레버리지Leverage 자산이라고 부른다. 레버리지란 지렛대를 뜻하는데 투자에서 말하는 레버리지는 부채를 동반한 투자를 얘기한다. 예를 들어 당신이 비트코인에 내 돈 1,000만 원에 부채 1,000만 원을 더해 2,000만 원을 투자하게 된다면 가격이 10% 오를 때 20%의 수익을 내게 된다. 반대로 가격이 10% 내릴 경우 20%의 손실을 보게 된다.

- 레버리지 투자의 예: 2,000만 원 투자 = 내 돈 1,000만 원 + 부채 1,000만 원

  ① 10% 상승할 경우: 200만 원 수익, 내 돈 대비 20% 수익

  ② 10% 하락할 경우: 200만 원 손실, 내 돈 대비 20% 손실

  * 부채에 대한 이자 비용은 제외

그렇다면 만약 비트코인이 10% 오를 때 20% 오르거나, 10% 내릴 때 20% 내리는 알트코인이 있다고 하면 그 알트코인에 대한 투자는 비트코인을 레버리지 투자하는 것과 다를 바 없다. 그리고 실제로 대부분의 알트코인이 이런 특성을 가지고 있기에, 알트코인 투자는 비트코인에 대한 레버리지 투자가 되는 것이다.

'모든 알트코인'은 파생상품

또한 모든 알트코인은 비트코인으로부터 파생되어 나온 코인들이고, 시장 전체가 비트코인의 기반 위에 만들어져 있기 때문에, 모든 알트코인들은 비트코인의 파생상품이나 다를 바가 없다.

파생상품이라고 하는 단어의 본래 뜻은 기초자산의 가격 변동을 바탕으로 파생되어 만들어진 상품을 말한다. 예를 들어 금을 직접 거래하지 않고, 금 가격이 오르면 이익을 보게 만들어진 증권을 구매한다면 그것은 파생상품 거래이다. 그런데 앞에서 모든 알트코인들은 비트코인의 가격을 추종한다고 말했다. 또한 모든 알트코인들은 비트코인을 기초로 해서 만들어졌다고도 했다. 따라서 알트코인은 비트코인의 파생상품이 되는 것이다.

결과적으로 알트코인은 비트코인의 가격을 따라가며 가격 변동성이 훨씬 큰 비트코인의 '레버리지 파생상품'이다. 우선 이 개념을 필수적으로 익혀두어야 알트코인에 대한 오해가 발생하지 않는다.

알트코인 시즌의 도래를
보여주는 지표

　알트코인의 사이클은 기본적으로 비트코인 사이클을 따라가지만 그 시기가 정확히 일치하지는 않는다. 특히 알트코인은 비트코인 대비 변동성이 극심하기 때문에, 잘못된 시점에 투자를 시작하면 큰 고통을 겪을 가능성이 있다. 따라서 비트코인보다는 조금 더 보수적으로 접근할 필요가 있다.

　일반적으로 모든 알트코인들이 비트코인 대비 상승률이 더 높은 시기를 '알트코인 시즌'이라고 부른다. 앞에서 말한 잠깐의 순환매도 미니 알트코인 시즌이기는 하지만, 여기서 말하는 알트코인 시즌은 추세적으로 장기간 알트코인들의 실적이 더 좋은 본격적인 알트코인 대상승 시기를 일컫는다. 우리가 집중해야 하는 '알트코인 하이퍼 사이클'

■ 상위 50개 알트코인의 시기별 비트코인 대비 실적 우위 비율

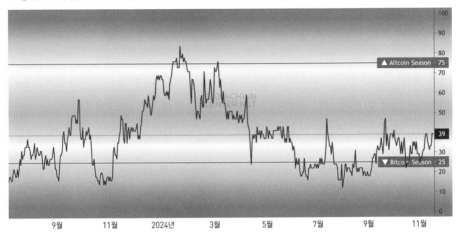

출처: blockchaincenter.net

이 바로 이 시즌이다.

그럼 언제부터 본격적인 알트코인 시즌이 시작될까? 일반적으로 시가총액 상위 50개 알트코인 중(스테이블 코인 제외) 75% 이상이 비트코인 대비 실적이 좋을 경우 '알트코인 시즌'에 들어간 것으로 본다. 반대로 25% 이하만이 비트코인 보다 실적이 좋으면 그것은 비트코인이 더강력한 '비트코인 시즌'이 된다. 당연하게도 잠깐 75%를 넘어선 정도로 알트코인 시즌이라 볼 수는 없다. 앞에서 설명한 순환매 시기에는 그런 경우가 많기 때문이다. 장기간에 걸쳐 추세적으로 75%를 넘어 그 상태가 유지되는 시점에 돌입해야 본격적인 알트코인 시즌이 열렸다고 판단할 수 있다. 그럼 그 추세적인 판단은 무엇으로 할 수 있을까?

추세를 판단할 수 있는 비트코인 도미넌스

암호화폐 지표 중에 '비트코인 도미넌스Bitcoin Dominance'라고 하는 게 있다. 전체 암호화폐의 시가총액에서 비트코인이 차지하는 시가총액의 비중을 나타내는 지표이다. 비트코인 도미넌스는 전반적으로 추세를 형성하며 움직이는 경우가 많다. 오르는 시기에는 일정 기간 지속적으로 상승하며 내리는 시기에는 지속적으로 하락한다. 따라서 비트코인 도미넌스의 추세가 지속적으로 상승하는 시기라면 '비트코인 시즌', 반대로 하락하는 시기라면 '알트코인 시즌'으로 향하고 있음을 기대할 수 있는 것이다.

■ 2024년 12월 기준 비트코인 도미넌스

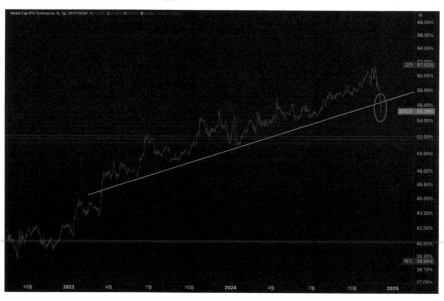

출처: TradingView

알트코인 하이퍼 사이클

앞의 차트를 보면 2023년을 기점으로 40% 수준에서 머물러 있던 비트코인 도미넌스가 상승 추세로 전환된 것을 볼 수 있다. 이후 이 추세는 1년 넘게 이어져 2024년 11월 시점에 약 61.5%에 도달한 것으로 정점을 찍었다. 이후 빨간색 타원형으로 표시한 부분과 같이 2024년 12월을 기점으로 추세선 밑으로 떨어지는 장면이 포착되고 있다.

이게 무슨 의미일까? 2024년 11월까지는 전체 암호화폐 시장의 시가총액에서 비트코인이 차지하는 비중이 꾸준히 증가했다는 것이니 비트코인이 상대적으로 강해지고 있었다는 뜻이다. 따라서 2023년부터 2024년 3분기까지는 비트코인이 알트코인보다 상대적으로 강한 '비트코인 시즌'이었다고 정의할 수 있다. 하지만 2024년 4분기가 되면서 비트코인 도미넌스가 떨어지기 시작했다. 그리고 12월이 되어서는 상승해 오던 추세선을 하향 돌파하고 있다. 즉 2024년 연말부터 비트코

■ 비트코인 연간 캔들 차트

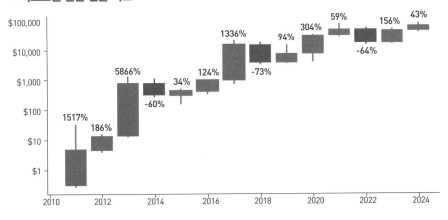

출처: twitter/@chartbtc

인 시즌에서 알트코인 시즌으로의 전환이 이뤄지고 있는 추세라는 뜻이다. 그렇다면 2025년부터는 완전한 알트코인 시즌의 개막을 기대해 볼 만 하지 않을까?

비트코인의 사이클은 비트코인의 시장 가격이 형성된 2011년 이후 예외없이 일정한 패턴을 보여왔다. 비트코인 공급량이 절반으로 줄어드는 반감기를 기준선으로 하여 반감기 앞 1년과 뒤의 1년까지 총 3년간 상승, 이후 1년간 하락하는 4년 사이클을 반복해 왔다. 비트코인 사이클에 대해선 전작인 《비트코인 슈퍼 사이클》에서 충분히 다루었으니 비트코인 사이클에 대해 더 공부해 보고 싶은 독자라면 《비트코인 슈퍼 사이클》을 읽어보길 권한다.

아무튼 비트코인 가격은 이러한 사이클의 표준 패턴을 따라가게 되는데 총 3년간의 상승장 중 첫 번째 해와 두 번째 해(초기와 중기)까지는 상승장이 서서히 시작되는 시기가 된다. 그리고 어떤 시장이든 보통 상승장이 본격화되기 이전에는 신뢰도가 높은 대장주를 중심으로 가격이 형성되는 경우가 많다. 주식 시장이나 부동산 시장에서도 초~중기 상승장에선 대부분 대장주들이 먼저 달려 나가고, 그 기세로 투심이 뜨겁게 달아오르기 시작했을 때 비로소 전체 시장이 움직이게 되는 현상이 자주 발생한다.

암호화폐 시장도 마찬가지다. 상승장의 초~중기까지는 대장인 비트코인을 중심으로 시세가 형성된다. 그러다 비트코인이 크게 오르기 시작하며 본격적으로 투심에 불이 붙기 시작할 때. 그때 비로소 알트코인들이 활개치는 '알트코인 시즌'이 시작되는 것이다.

반감기 이후 이 시기를 주목하라

앞에서 살펴봤듯 알트코인 시장이 본격적으로 상승하는 시기는 우선 대장인 비트코인이 크게 상승하며 전체 시장을 주도하는 시점 '이후'이다. 따라서 우선은 비트코인이 정확히 언제 크게 오르는지를 파악할 필요가 있다. 과거 사이클들에서 비트코인이 신고가를 기록하며 본격적인 상승장에 들어가는 시기는 보통 반감기 이후 약 5~6개월이 지난 시점부터였다.

다음 쪽의 사진은 과거 두 차례 사이클의 반감기(2차 2016년 7월, 3차 2020년 5월) 이후 가격 변화를 나타낸 차트이다. 반감기 이후 수개월간 가격에 큰 변화가 없다가, 대략 150~180일째가 되는 시기(흰색 박스로 표시한 부분)부터 본격적으로 상승이 시작되는 것을 확인할 수 있다.

■ 비트코인 2차, 3차 반감기 이후 가격 변화

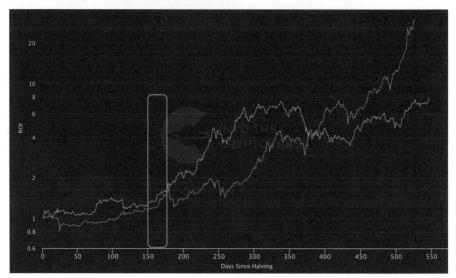

반감기 이후 특정 시점부터 가격이 오르는 이유

왜 반감기 이후 특정 기간이 지난 시점부터 가격이 상승하기 시작하는 것일까? 이유는 간단하다. 비트코인은 반감기가 지나면 신규 공급량(채굴량)이 절반으로 줄어든다. 수요가 동일하다는 전제하에 공급이 줄어들면 가격이 오르는 것은 당연한 이치다.

하지만 공급량이 줄었다고 해서 가격이 바로 오르는 것은 아니다. 왜 그럴까? 시장에 아직 충분한 재고가 존재하기 때문이다. 마트에 휴지 공급업자가 납품량을 절반으로 줄였다고 해서 바로 휴지 가격이 폭등하는 것은 아니다. 가판대와 창고에 충분한 재고가 남아 있기 때문이다. 하지만 지속적으로 공급과 수요의 불균형이 일어난다면 어느 순간 남아있던 재고는 동이 날 것이다. 그리고 재고가 사라지고 나면 가격이 상승하게 될 것이다.

비트코인에서도 비슷한 현상이 나타나는 것이다. 반감기 직후에는 비록 공급량은 절반으로 줄었을지라도 아직 거래소에 충분하게 매물이 돌고 있는 상황이기에 가격이 바로 오르지 않는다. 하지만 지속적으로 공급량이 줄어들어 있는 상태가 지속된다면 어느 순간 거래소에 남아 있던 매물들이 하나둘 모습을 감추기 시작한다. 그리고 모두가 알게 될 정도로 매물이 줄고 나면 그제야 가격이 오르게 되는데, 그 시점이 대략 반감기 이후 5~6개월 부근이었다고 해석하면 되겠다.

이번 4차 사이클의 경우 반감기는 2024년 4월 20일이었다. 그렇다면 5~6개월 지난 시점은 2024년 9~10월 경이 된다. 과연 이번에도 그 시점을 기준으로 가격이 올랐을까?

다음 페이지 그래프에서 화살표로 표시된 지점이 반감기 후 6개월이 되는 지점이다. 어떤가? 정확히 그 시점 이후로 가격이 상승한 것을 확인할 수 있다. 이처럼 비트코인은 소름 돋을 정도로 정확한 패턴성을 보여주는 자산이다. 그리고 이런 패턴성에 있어 반감기 6개월 뒤라는 시점보다 상승장을 알리는 더 중요한 신호가 있다. 그 신호는 무엇일까?

과거 사이클들에서 반감기 이후 5~6개월 지난 시점부터 가격이 올랐다 해서 이번 사이클에서도 타이밍이 정확하게 일치할 것이라 장담할 순 없다. 거시적 경제 조건, 자산의 펀더멘털적 요소는 결코 고정불

출처: TradingView

변하는 존재가 아니기 때문이다. 내부와 외부의 여러 조건들에 따라 상승장이 시작되는 시점은 조금씩 달라질 수 있다는 뜻이다. 따라서 무조건 반감기 5~6개월 후부터 비트코인의 상승장이 시작된다라고 생각하기보다는 특정 신호를 기준으로 상승장의 시작을 가늠하는 것이 확실하다.

바로 비트코인이 전고점 영역을 완전히 뚫어내는 시점이다.

비트코인의 폭발적 상승을 가르는 전고점

이번 사이클의 경우 이 책을 쓰고 있는 시점을 기준으로 비트코인 가격이 2024년 3월에 일시적으로 전고점인 6만 9,400달러를 돌파하긴 했지만, 그 이후 바로 큰 조정을 받았다. 이후 약 7개월간에 걸친 긴 조정 끝에 반감기 6개월 뒤인 10월 말에 이르러서야 상승을 재개해, 2024년 12월 초 시점으로 가격이 최고 9만 9,660달러까지 오르면서 완전하게 전고점을 돌파했다고 이야기할 수 있겠다. 그리고 이렇게 전고점을 돌파하고 솟아오른 시점부터가 진정한 비트코인 상승장의 시작이다.

비트코인은 매 사이클마다 전고점을 완전히 돌파하는 순간부터 가격이 폭발적으로 상승하는 '포물선 상승'의 패턴을 반복해 왔다. 따라

■ **2024년 12월 기준 비트코인 시세 추이**

출처: TradingView

■ 비트코인 반감기 이후 저항영역대인 전고점

출처: TradingView

서 이 시점부터가 진정한 비트코인 상승장이라 얘기할 수 있는데, 이번 사이클에선 2024년 11월 초 트럼프의 미국 대통령 당선과 함께 전고점 영역대를 완전히 돌파하며 본격적인 상승장이 시작된 것이다.

과거 사이클이 증명하는
알트코인 상승장

알트코인의 본격적인 상승장인 '알트코인 하이퍼 사이클(알트코인 시즌)'은 비트코인의 상승장이 시작된 시점 이후부터 펼쳐지게 된다. 과거 사이클들의 기록을 보면 그 점을 명확히 알 수 있다.

먼저 비트코인 2차 반감기 시기(2016년 7월)부터 살펴보자. 차트에서 노란색 선이 비트코인 가격, 빨간색과 초록색 선이 비트코인 도미넌스이다. 아래 표시된 화살표가 비트코인이 전고점을 뚫고 본격적인 상승을 시작한 시점인데 대략 2017년 1월 중순 정도이다. 그리고 위에 표시된 화살표는 비트코인 도미넌스가 급격하게 하락하는 시점으로 앞에서도 설명했듯 '알트코인 시즌'이 시작된 것으로 해석할 수 있다. 이 시점은 대략 3월 초로 두 시기 사이에 대략 1.5~2개월 정도의 시간차가

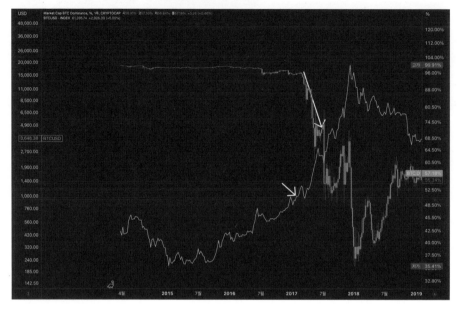

출처: TradingView

존재한다.

그다음 3차 반감기(2020년 5월) 사이클에서도 비슷했다. 위쪽에 표시된 화살표가 비트코인이 전고점을 돌파하면서 본격적으로 상승하기 시작한 시점으로 대략 2020년 12월 초이다. 그리고 수개월 뒤 아래 화살표처럼 비트코인 도미넌스가 급격하게 하락하는 알트코인 시즌이 도래했는데 시작 시점은 대략 2021년 3월 말이다. 따라서 비트코인의 상승장이 시작된 시점으로부터 3~4개월 뒤였다는 사실은 알 수 있다.

하지만 조금 더 자세히 들여다보면 그 이전에도 비트코인 도미넌스가 살짝 하락하기 시작했음을 알 수 있다. 따라서 비트코인이 본격적인

알트코인 하이퍼 사이클

■ 2020~2021년 비트코인 가격과 비트코인 도미넌스 비교

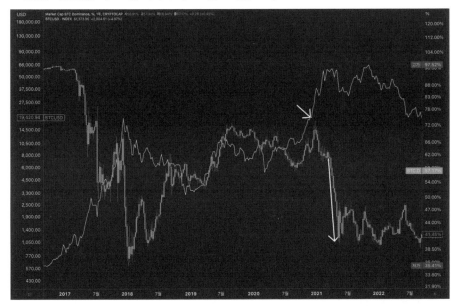

출처: TradingView

　상승장에 돌입한 시점부터 알트코인들도 비트코인을 따라 상승장에
돌입했다고 판단을 내릴 수 있겠다. 확신을 갖기 위해 또 다른 지표를
살펴보며 더블 체크를 해보자.

　다음 페이지의 차트는 전체 암호화폐 시가총액에서 스테이블 코인
을 제외한 수치를 비트코인 가격으로 나눈 수치를 나타낸 차트이다. 따
라서 알트코인이 비트코인 대비 상대적으로 강한지 약한지 파악할 수
있는 차트라고 할 수 있다. 노란색 선이 비트코인 가격인데 위쪽에 화
살표로 표시된 부분이 지난 사이클에서 비트코인이 전고점을 돌파하
는 시점이다. 이후 비트코인 가격이 크게 상승한 것을 확인할 수 있다.

■ 암호화폐 시가총액을 비트코인 가격으로 나눈 차트

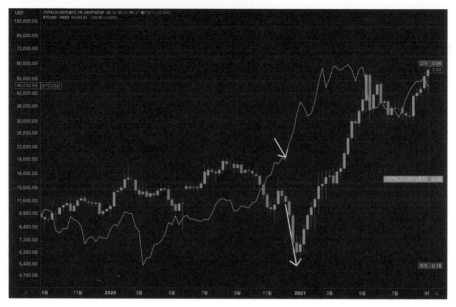

　하지만 비트코인 대비 알트코인 가격은 그 시점부터 오히려 하락하는 것을 볼 수 있는데, 이건 알트코인이 비트코인 대비 상대적으로 약했다는 뜻이 된다. 이후 알트코인 시장이 바닥을 찍고 다시 원래의 가격을 회복한 시점은 대략 비트코인 전고점 돌파 이후 2~3개월 정도 지난 시점이 된다. 앞에서 살펴봤듯 본격적인 알트코인 시즌은 비트코인이 전고점 돌파하고 나서 몇 달이 지난 시점임을 확인할 수 있다.

　다만 이것은 어디까지나 비트코인과 대비해서 알트코인이 상대적으로 약했다는 뜻이지 '알트코인 자체가 나빴다'는 뜻은 아니다. 이어서 소개할 차트는 전체 암호화폐 시가총액에서 비트코인을 제외한 금액

■ 2020~2021년 비트코인 제외 암호화폐 시가총액 가격 추이

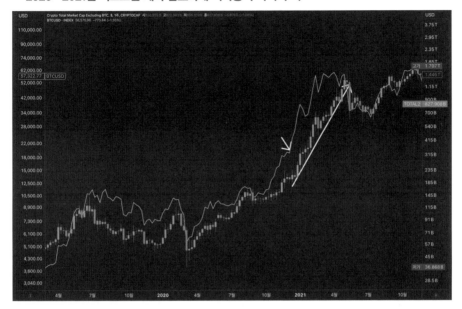

출처: TradingView

을 나타내는데, 위의 하얀색 화살표로 표시한 비트코인의 전고점 돌파 시점부터 비트코인 가격과 함께 전체 암호화폐 시장도 상승했음을 확인할 수 있다. 즉, 비트코인 전고점 돌파 이후 비트코인이 상대적으로 더 좋을 뿐이지 다른 알트코인들이 나쁘다는 뜻은 아닌 것이다.

비트코인 전고점 돌파 이후 알트코인 시즌 도래 시기

결론을 내보면 이렇다. 비트코인과 알트코인을 종합한 전체 암호화

폐 시장의 본격 상승장은 비트코인이 전고점을 뚫는 시점부터 시작된다. 이때 비트코인의 전고점 돌파 이후 1~3개월 정도는 비트코인이 알트코인 대비하여 상대적으로 더 강한 '비트코인 시즌'이 된다. 그렇다고 해서 알트코인이 나쁜 것은 아니고, 비트코인이 상대적으로 더 강할 뿐이다. 이후 암호화폐 시장의 상승장이 본격화되면서 점점 알트코인이 강해진다. 결국 비트코인 전고점 돌파 후 수개월이 지나 알트코인이 비트코인 대비 더 강해지는 '알트코인 시즌'이 시작되는 것으로 정리할 수 있겠다.

ALTCOIN
HYPER
CYCLE

PART
2

알트코인 투자 전에
꼭 알아야 할 것들

부족한 지식과 경험의 끝은 -99% 하락이다"

vs

"충분한 경험이 있다면 비트코인보다 2배 높은 수익률을 기대할 수 있다"

알트코인 시장은 극심한 변동성을 특징으로 한다.

아무런 계획 없이 무작정 투자한다면 아무리 상승장일지라도 엄청난 손실을 경험할 수도 있다. 그러나 시장에 대한 확실한 이해가 뒷받침된다면 비트코인 수익률을 훨씬 뛰어넘는 수익률을 달성할 수도 있다.

PART2에서는 알트코인 시장의 생리부터 기본적인 투자 방식, 적절한 투자 코인 개수 등 알트코인에 투자하기 전에 반드시 알아야 할 필수적인 사항에 대해 살펴보도록 하겠다.

09

각자의 투자 성향과
알트코인 투자 시기

　만약 앞서 PART1에서 살펴본 것처럼 알트코인 시즌이 비트코인이 전고점을 돌파한 이후 수개월 뒤에 시작된다고 하자. 그렇다면 알트코인을 매수하기 최적의 시기 역시 그때가 되는 걸까?

　여기에 대해서는 각자의 성향에 따라 정답이 달라진다고 볼 수 있다. 사람마다 위험에 대해 느끼는 감정이 다르며, 감당할 수 있는 리스크의 정도도 다르다. 또한 원하는 보상에 대한 생각도 다르기 때문에 천편일률적으로 적정 매수 시기를 단정하기는 어렵다. 각자가 원하는 보상 정도에 따라 '위험 대비 보상 비율'을 고려하여 매수 시점을 잡아야 한다.

　그럼 위험 대비 보상 비율에 따른 알트코인의 매수 시점은 어떻게 달라질까? 앞에서도 살펴봤듯, 알트코인을 사기 가장 안전한 시기는 비트코인이 전고점을 돌파하여 본격적인 상승장에 진입한 이후 몇 개월이 지난 뒤이다. 다만 이 시점에는 이미 알트코인들의 가격이 많이 상승한 이후다. 비트코인 시즌이 진행되는 동안 알트코인들은 비트코인에 비해 상대적으로 약할 뿐이지, 절대적인 가격은 비트코인과 마찬가지로 상승세이기 때문이다. 그럼 비트코인이 전고점을 돌파한 시점부터 이미 알트코인도 상승이 시작되므로 이 시기에 사는 것이 최적일까? 여기에 대해서도 생각해 볼 문제가 있다.

아래 차트를 다시 살펴보자. 하얀색 화살표로 표시한 부분처럼 비트

■ 2020~2021년 비트코인 제외 암호화폐 시가총액 가격 추이

출처: TradingView

알트코인 하이퍼 사이클

코인이 전고점을 돌파한 시점부터 알트코인도 상승폭을 키우는 것은 맞다. 다만 그 지점이 알트코인 가격이 가장 낮은 시점은 아니다. 알트코인의 가격은 빨간색 화살표처럼 이미 바닥에서부터 많이 올라와 있는 상태라고 할 수 있다. 따라서 알트코인 가격이 가장 매력적인 시기는 이미 상당히 지나간 시점이라고 봐야 한다. 따라서 알트코인이 가장 쌀 때 매수하고자 한다면 더 이른 시점부터 매집을 진행했어야 한다.

3가지 알트코인 투자 시점

이러한 과거의 알트코인 패턴을 기준으로 우리는 다음과 같이 3가지 시점을 기준 삼아 알트코인의 매수 시점을 정할 수 있다.

하나, 비트코인 전고점 돌파 이전 수개월(공격적인 투자자: 리스크 높음, 보상 비율 높음)이다.

비트코인이 전고점을 돌파하기 이전 시점이 알트코인 가격이 가장 낮은 시기이다. 따라서 위험 감수 성향이 높은 투자자라면 이 시점부터 알트코인의 매집을 진행하는 것을 충분히 생각해 볼 수 있다. 다만, 이 시점은 알트코인 가격이 바닥을 형성하는 시기이므로, 매수 직후에 가격이 더 내려갈 위험이 있다. 만약 이 시점부터 알트코인을 매수하고자 하는 투자자라면 이러한 위험성을 충분히 인지한 상태에서 최대한 분할 매수를 통해 매수를 진행해야 조금이라도 리스크를 평탄화시킬 수 있다.

둘, 비트코인 전고점 돌파 시점(중립적인 투자자: 리스크 중간, 보상 비율 중간)이다.

비트코인이 전고점을 돌파하는 시점은 전체 암호화폐 시장이 상승장으로 진입하는 구간이다. 따라서 이 시점에 알트코인 매수를 진행한다면 상대적으로 안전하게 진입할 수 있으며 동시에 높은 수익률을 달성할 가능성도 노려볼 수 있다. 다만, 비트코인 전고점 돌파 이후 수개월간은 비트코인이 알트코인 대비 상대적으로 더 강한 '비트코인 시즌'이기 때문에 비트코인보다 더 높은 수익률을 기대할 수 있는 좋은 알트코인을 선별하여 투자할 필요가 있다. 만약 그렇게 하지 않는다면 그냥 비트코인에 투자하는 것보다 못한 결과를 얻게 되기 때문이다.

셋, 비트코인 전고점 돌파 이후 1~3개월 후(보수적인 투자자: 리스크 낮음, 보상 비율 낮음)이다.

비트코인이 전고점을 돌파하고 수개월이 지나면 서서히 비트코인 도미넌스가 하락세로 전환될 것이다. 이렇게 비트코인 도미넌스가 하락하기 시작하는 시점이 '알트코인 시즌'이 시작되는 시기이다. 바로 이 시점부터 알트코인 투자를 시작한다면 가장 안전하게 알트코인 투자에 진입하는 것이 가능하다. 다만, 앞에서도 보았듯 이 시기는 이미 알트코인 가격이 많이 오른 뒤이다. 따라서 리스크는 낮지만 동시에 기대 가능한 보상도 훨씬 줄어들 것이다. 이러한 특성을 감안해 위험 감수 성향이 낮은 보수적 투자라는 관점에서 접근해야 하는 매수 타이밍이다.

핵심은 자기 자신의 상황과 성향에 딱 맞는 적절한 위험 대비 보상 비율을 찾는 것이다. 더 높은 수익률을 기대할 수 있는 투자일지라도 진입 직후 가격이 크게 하락할 가능성이 높다면 당신은 그것을 견딜 수 있는가? 수익률이 최대치가 될 가능성은 매우 크지만 그 과정에서 심한 변동성이 예상된다면 당신은 그 길을 끝까지 완주해 낼 수 있는가?

이 질문들에 대한 대답은 사람마다 다를 것이다. 위험 감수 성향이 강한 사람이라면 높은 변동성을 감내하고라도 더 빠른 타이밍에 투자를 시작할 수 있다. 반면 안정적인 투자를 추구하는 사람이라면 최대 수익률에 대한 기대를 포기하고서라도 더 확실한 타이밍에 진입하는 것이 옳을 것이다. 알트코인 시즌이 본격적으로 시작된 것이 확실하게 확인된 시점에 진입한다면 최대 수익 가능 금액은 낮아질 수 있다. 반면 진입 이후 하락 가능성보다는 상승 가능성이 훨씬 높으며 투자한 기간 대비 수익률은 오히려 좋을 수 있다. +200%와 +100%는 수익률에 있어 두 배의 차이가 나지만 만약 후자(+100%)의 투자 기간이 전자(+200%)의 반의 반이라면? 그땐 후자가 더 좋은 투자였다 얘기해도 이상하지 않을 것이다.

이처럼 투자에 있어 절대적인 정답은 없으며 각자의 성향과 상황, 환경 등에 맞춰 선택을 내려야 한다. 본 책은 그중에서 가장 가능성이 높으며 상대적으로 위험 대비 보상이 좋은 선택지를 요약하여 독자 여러분들에게 제시하는 것에 그 목적이 있다.

반드시 알아야 할
알트코인 시장의 생리

5장에서 암호화폐 시장은 비트코인을 기반으로 형성되어 있으며, 따라서 알트코인은 비트코인의 파생상품적 성격을 가지고 있다고 배웠다. 암호화폐 시장에는 수만 개의 코인들이 존재하고 있으며, 각각의 코인마다 서로 다른 가치를 가지고 있다고 주장한다. 그런데 실제로는 모든 알트코인이 비트코인의 가격을 따라가며 비트코인에 의존하는 기형적인 형태의 시장을 형성하고 있다. 존재하는 모든 코인들은 자신들만의 캐치프레이즈를 내걸고 존재의 정당성과 의의를 주장하고 있지만 실제 그 코인들 모두가 스스로 주장하는 만큼의 가치를 가지고 있다고 보기는 어렵다. 대부분의 코인들은 가치에 대한 어떠한 근거도 없이 오직 인기에 의존한 공급과 수요만으로 가격이 형성되며, 실제 암호

알트코인 하이퍼 사이클

화폐 시장에 존재하는 코인 중 90% 이상은 그러한 형태의 코인이라고 보는 것이 합당하다.

3차 사이클의 트렌드를 주도한 디파이

지난 사이클의 경우 탈중앙화 금융인 디파이De-Fi, Decentralized Finance가 암호화폐 시장의 주요 트렌드로 떠올랐었다. 당시 수많은 디파이 관련 코인들이 등장하여 투자자들을 상대로 과대 광고를 펼쳤다. 자신들의 프로젝트가 앞으로 비자나 마스터카드를 대체하는 역할을 하게 될 것이라든지, 향후 5~10년 내에 탈중앙화 금융이 은행이 하는 역할을 상당 부분 대체하게 될 것이라든지, 자신들의 코인이 디파이 프로젝트들 중에서 가장 핵심적인 역할을 담당하게 될 것이라든지 등 말이다.

2016년 2차 사이클 당시만 하더라도 암호화폐 시장은 비트코인과 이더리움 위주의 신규 투자 자산 클래스로서 받아들여지기 시작하던 단계였다. 이더리움 역시 비트코인의 기술적 결핍을 해결하는 것을 목표로 등장한 코인이기는 하지만, 이때까지만 하더라도 기술이 시장의 핵심이 되던 시기는 아니었다. 그러던 것이 2020년 3차 사이클에 접어들면서 4차 산업혁명이라는 시대적 아이콘과 맞물리며 암호화폐라는 말을 블록체인이라는 기술적 용어가 대체하기 시작했다. 동시에 암호화폐라는 자산이 아니라 블록체인이라는 기술로서 바라보는 관점이 커지게 되었고, 업계는 이런 인식의 변화를 그냥 놓치지 않았다. 블록체인을 암호화폐의 선전 수단으로 사용한 것이다. 마치 암호화폐가 새로운 테크 주식이 된 것만 같은 분위기가 팽배해졌다.

그러다 2021년을 정점으로 비트코인 사이클이 끝났고, 암호화폐 시장이 하락장으로 접어들면서 대부분의 알트코인들이 가치의 90% 이상을 상실했다. 자연스레 미래의 기술이라며 휘황찬란하게 포장하던 대부분의 알트코인 프로젝트들은 종적을 감췄다. 코인 가격이 하락하자 개발자들이 모든 개발을 멈추고 잠적한 것이다.

이런 코인들의 가격은 당연히 0원으로 수렴하였다. 개발을 완전히 멈추진 않았지만, 개점 휴업 상태에 들어가며 좀비처럼 겨우 연명해 나간 프로젝트들도 상당수 존재한다. 이들은 한 달에 한 번 또는 수개월에 한 번씩 새로운 개발 내용을 홈페이지나 SNS 등을 통해 업데이트하지만, 원래 주장했던 과대 광고에는 턱없이 부족한 체면치레 수준에 족하는 업데이트인 경우가 많았다. 그렇게 2024년 새로운 사이클이 시작될 때까지 억지로 수명을 연장해 온 것이다.

이런 코인들은 가격이 95~99%까지 하락했다가, 새로운 사이클에 접어들면서 가격이 조금 올라오긴 했지만 지난 사이클의 최고점과 비교하면 여전히 80% 이상 하락한 코인들이 많다. 오른쪽 사진은 지난 사이클 디파이 코인의 대장이었던 한 코인의 2024년 10월 기준의 모습이다. 나름 시가총액 상위권 코인임에도 최고점 대비 -84%에 가까운 상태이다. 이보다 시가총액이 낮은 다른 코인들의 상태는 대부분 더 처참하다.

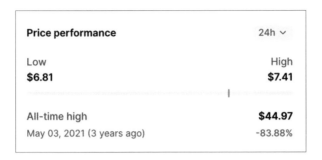

Price performance	24h ⌄
Low	High
$6.81	**$7.41**
All-time high	**$44.97**
May 03, 2021 (3 years ago)	-83.88%

부족한 지식과 경험의 끝은 -99% 하락

왜 이런 일이 발생했던 걸까? 거기에는 여러 가지 이유가 있다. 우선 지난 비트코인 사이클이 일반인들이 본격적으로 암호화폐 시장에 진입하던 최초의 사이클이었기 때문이다. 새롭게 시장에 들어온 사람들은 비트코인과 암호화폐 시장에 대한 지식과 경험이 없다. 따라서 알트코인들이 얼마나 가치 근거가 약하고 과대 광고가 되기 쉬운지 제대로 이해하지 못한 상태였다. 또한 지난 사이클이 암호화폐가 단순한 투자 자산이라는 개념에서 벗어나 블록체인이란 타이틀을 앞세운 미래 기술의 개념으로 변화되던 시기라는 점이 이런 추세에 한몫을 더했다.

사람들은 새로운 기술이라는 마력에 쉽게 매혹된다. 블록체인이라고 하는 용어 자체도 새로운 개념인데 여기에 더해 디파이, 메타버스, AI 등의 미래 기술과 융화되면 더욱 매력적인 개념으로 진화하게 된다. 이러한 시대적 흐름의 도움을 받으며 암호화폐 시장의 지난 사이클은 그 어느 때보다 신기술이라는 개념에 매료되었던 사이클이었다. 그리고 그 끝은 사이클의 붕괴와 함께 수많은 알트코인들의 90~99% 가격 하락이라는 처참한 말로를 걷게 된 것이다.

탐욕을 조심하라

그렇다면 이번 사이클은 조금 다를까? 필자는 이번 사이클도 크게 다르지 않을 것이라 생각한다. 왜냐하면 인간의 본성이 4년 전이나 지금이나 크게 달라지지 않았기 때문이다. 새로운 기술과 개념들은 계속해서 등장하고 발전해 나간다. 그리고 그때마다 사람들은 다시 새롭게 현혹될 것이다. 그리고 또다시 탐욕에 젖을 것이며 같은 실수를 반복할 것이다. 투자를 하는 주체가 사람인 이상 이런 현상은 다음 사이클에도 그리고 또 그다음 사이클에도 반복될 것이라 확신한다.

이번 사이클도 여러 새로운 기술들과 개념들이 이미 활발하게 등장하여 투자자들을 유혹하고 있다. 개중에는 이미 꽤 인지도를 쌓은 개념들도 상당수 존재한다. 물론 그런 코인을 개발한 개발자와 프로젝트가 모두 사기꾼이라는 뜻은 아니다. 그들 나름대로 목표와 포부가 있을 것이다. 문제는 현실성에 있다. 원대한 포부와 비전을 제시했던 그 수많은 코인들은 지금 모두 어디로 갔는가? 시장이 안 좋아지고 불황이 오면 모두 사라지거나 산소 호흡기 달고 연명하기 바빴다. 4년 전 약속했던 그 찬란했던 미래의 비전 중 제대로 지켜지지 않은 약속이 대부분이다. 이번 사이클이 끝날 땐 다를까? 아마 크게 달라지지 않을 것이라

보는 게 현실적일 것이다. 투자자들이 인간이기에 그 본성이 달라지지 않았다면, 개발자들과 프로젝트의 주체자들도 인간이기에 마찬가지로 본성이 달라지지 않았을 것이라 추정하는 게 현명하지 않을까.

순진한 투자자들을 노리는 알트코인 시장의 시뇨리지

대부분의 알트코인들은 일반적으로 해당 코인을 개발한 개발자와 초기 투자자들이 대다수의 물량을 가지고 있는 형태이다. 개발자는 초기 투자자들에게 낮은 가격에 코인을 판매하고 이렇게 얻은 돈을 코인을 홍보하는 데 사용한다. 이후 유튜브, 엑스(트위터), 인스트그램 등에서 활동하는 인플루언서와 업계의 영향력 있는 사람들에게 코인을 제공하고 홍보를 요청한다. 그렇게 홍보가 이뤄지면서 새로운 투자자들이 유입되고 이들이 가격을 끌어올리는 역할을 한다.

그럼 이들에게 코인을 판매하는 사람들은 누굴까? 당연히 초기에 아주 낮은 가격에 코인을 취득했던 투자자들이다. 코인을 개발한 개발자는 자신의 인건비 정도를 제외하면 코인을 취득하는 데 어떠한 비용도 들지 않았다. 그럼에도 불구하고 상당수의 코인을 보유하고 있다. 그렇다면 새로운 투자자들이 유입될 때 이들에게 아무런 부담 없이 코인을 판매할 수 있다. 자신은 어떠한 비용도 들지 않았기 때문에 얼마에 팔든 이득이기에 그렇다. 이러한 이득을 시뇨리지, 우리말로 주조 차익이라 부른다. 돈을 생성한 사람은 비용이 별로 들지 않기 때문에 그 돈을 판매하는 과정에서 이득을 보게 되는 구조이다.

이런 주조 차익은 코인을 생성한 자로부터 가까이 있는 사람일수록 더 많이 가져갈 수 있다. 그리고 생태계의 끝으로 갈수록 손해를 보게 되는 구조이다. 그럼 누가 발행자의 근처에 있는 사람들일까? 초기에 코인을 낮은 가격에 취득한 벤처 투자자들이나 인플루언서 등이 바로 그들이다. 이들은 코인을 매우 낮은 가격으로 얻었기 때문에 가격이 조금만 올라도 팔아서 이득을 챙길 수 있다. 그럼 누가 손해를 볼까? 당연히 뒤늦게 홍보에 속아 뛰어든 순진한 투자자들이다. 이들은 늦게 들어와 이미 실컷 오른 가격에 코인을 산다. 처음에 아주 낮은 가격에 코인을 취득한 이들로부터 폭탄을 넘겨받게 되는 것이다.

그리고 개발자, 초기 투자자, 인플루언서 등이 코인을 대부분 매도하고 나면 이들은 더 이상 개발을 지속하거나 홍보를 이어갈 유인을 잃게 된다. 그럼 어떻게 될까? 그 이후로는 새롭게 유입되는 사람들은 줄어들어 갈 것이고, 결국 과거의 물량을 받아줄 새로운 매수자가 나타나지 않게 될 것이다. 바로 이 시점에서 가격이 급락하기 시작하고, 가격의 급락은 공포 매도를 불러일으켜 추가적인 가격 하락의 원인이 된다. 이런 악순환이 반복되다 보면 코인의 가격은 쉽게 -90%를 넘어 제로에 가깝게 하락하게 된다. 지난 사이클에서 그런 비참한 말로를 걸었던 코인들이 부지기수이며 이들은 아직도 대부분 과거 가격을 거의 되찾지 못하고 있다. 아예 사라져 버린 코인 역시 셀 수 없을 정도다.

알트코인은 밈이다

알트코인들은 그 정도가 작으나 크나 대체로 10장에서 설명한 것과 비슷한 구조를 가지고 있다. 일부 코인 프로젝트의 개발자들은 진실된 사명감을 가지고 인류의 미래에 이바지하고자 하는 마음으로 개발을 시작하기도 한다. 하지만 결국 이들도 돈이 있어야만 개발을 지속할 수 있고, 자금을 확보하기 위해 벤처 투자자들로부터 투자를 받을 수밖에 없다. 그리고 벤처 투자자들은 철저하게 코인을 이용하여 이득을 얻으려는 목적으로 투자한다. 따라서 개발자의 사명감과는 상관없이 자신들의 이익을 위해 행동하게 되고 결국 다른 알트코인들과 비슷한 행보를 걷게 되는 것이다.

이러한 영향으로 인해 극소수의 알트코인을 제외한 나머지 대다수

코인들은 사실상 제대로 된 가치를 가지고 있지 않다는 게 나의 생각이다. 대부분의 알트코인들은 이득을 얻으려는 초기 투자자들에 의해서 부풀려진다. 그들은 온갖 미사여구로 미래의 비전을 설명하고, 기술적 우월함을 홍보한다. 순진한 투자자들은 그런 유혹에 이끌려 거품을 먹으며 진입하고, 코인 가격은 더욱 부풀려진다. 그렇게 거품이 점점 커지면서 코인이 원래 가지는 가치에 비해 가격이 현격하게 높아지게 되고, 이런 거품 증식은 그 거품을 받아줄 새로운 투자자가 부족해지는 순간 붕괴하게 된다.

알트코인들이 가치가 아예 없다는 것이 아니다. 요지는 대다수가 원래 가진 가치보다 훨씬 부풀려져 홍보된다는 것이다. 이들의 진짜 가치는 비트코인 사이클이 끝나고 하락장에 돌입하면 알 수 있다. 대부분의 알트코인들은 순식간에 가치의 80~90%를 잃는다. 그렇다면 이들의 원래 가치는 얼마였을까?

하락장의 끝에서 거품이 모두 걷히고 난 이후의 가격이 각 코인의 미래 비전이 가지는 진짜 가치이다. 상승장 동안 투자자들은 흥분 상태로 미래 신기술에 투자한다는 착각을 하지만, 실상은 거품에 투자하고 있었던 것이다. 12시의 종이 울리면 거품들은 모두 신기루처럼 사라지고 초라한 실제의 가치만이 남게 된다. 90% 이상 하락한 실제 가치 말이다.

모든 알트코인은 밈 코인이다

상승장 동안 알트코인들이 실제 가치보다 10배, 20배 부풀려져 거품이 형성된 것이라면, 결국 이것은 기술에 투자하는 것도 뭣도 아니다. 그저 인기에 편승한 투기를 하는 것에 불과하며 투자한 금액 대비 근본적인 가치는 거의 없다고 말할 수 있다. 이렇게 본래 아무런 가치도 없지만 인기만으로 가격이 형성되는 코인을 밈 코인**Meme Coin**이라고 부른다. 대표적으로 도지**Doge**, 페페**Pepe**, 봉크**Bonk**와 같은 코인들이 그들이다.

사람들은 이런 코인에 투자하는 것을 도박이라 여긴다. 아무런 가치도 없는 것에 오직 시세 차익만 생각하면 투자하는 것이기 때문이다. 하지만 잘 생각해 보자. 멋진 신기술이나 미래 비전을 제시하는 다른 알트코인들도 실상은 10배, 20배 부풀려진 가격에 거래가 되고 있다. 그렇다면 이들에 투자하는 것도 90% 이상은 거품에 투자하고 있는 것이나 마찬가지라 얘기할 수 있다. 그렇다면 무엇이 다를까? 별로 다를 게 없다. 결국 극소수의 알트코인을 제외한 거의 대부분의 알트코인은 필자의 기준으로는 밈 코인과 진배없다. 그러므로 알트코인에 투자하는 것을 결국 밈 코인에 투자하는 것이다. AI 코인도 밈 코인이고, 디파이 코인도 밈 코인이다. 강아지를 내세우는 코인들은 원래도 밈 코인이다.

이들은 단지 각자가 내세우고 있는 홍보의 포인트가 다를 뿐이다. 즉 서로 다른 포장지를 두르고 있을 뿐이란 뜻이다. AI 코인은 AI를 홍보의 포인트로 사용하는 것이 다를 뿐이다. AI 개발에 필수적인 오픈소스 클라우드 서비스를 제공하는 신기술이라며 화려하게 선전하지만 실상은 포장지에 AI라고 적혀 있을 뿐, 내용물은 밈 코인이다. 다른 모든 알트코인 역시 대동소이하다. 디파이 기술을 홍보하는 코인은 홍보의 포인트가 디파이일 뿐, 결국 밈 코인이다. 메타버스 코인은 홍보의 포인트가 메타버스일 뿐 결국 밈 코인이다. 결국 현존하는 모든 알트코인은 홍보하는 포인트가 다를 뿐 대부분은 실상은 밈 코인과 별 다를 바 없다는 사실을 반드시 알아야만 한다.

밈 코인이 AI 코인보다
인기 있는 이유

밈 코인은 지난 사이클부터 본격적으로 인기를 얻기 시작했던 코인의 범주이다. 보통 강아지나 고양이와 같은 귀여운 캐릭터를 대표 이미지로 삼아 사람들로부터 인기를 얻고 유튜브, 엑스, 레딧**Reddit**, 디스코드**Discord** 등의 커뮤니티를 활용하여 추종자 집단을 만든다. 그렇게 코인을 좋아하게 된 사람들은 그저 마음에 든다는 이유 하나만으로 코인을 사기 시작하는데, 이렇게 인기와 트렌드에 편승하여 시세가 형성되는 것이 밈 코인의 기본적인 구조이다. 여기에는 장밋빛 미래에 대한 약속이나, 세상을 바꿀 혁신적인 기술에 대한 비전 따윈 없다. 오로지 '그냥 좋아서' 코인을 거래하고 커뮤니티 멤버들과 어울려서 이야기하고 재미있는 사진 등을 올리는 것이 전부다.

■ 2024년 11월 기준 밈 코인 시가총액 순위

	Name	Price	Chg (24H)	Chg (30D)	Chg (1Y)	Market Cap	Volume (24H)	Price Graph (7D)
☆	Dogecoin DOGE	$ 0.375	+4.12%	+164.4%	+365.2%	$ 55.10B	$ 5.01B	
☆	SHIBA INU SHIB	$ 0.0000248	+1.17%	+31.2%	+184.8%	$ 14.60B	$ 835.96M	
☆	Pepe PEPE	$ 0.0000205	-3.92%	+96.3%	+1,615%	$ 8.62B	$ 2.36B	
☆	dogwifhat WIF	$ 3.49	-2.81%	+33.7%	N/A	$ 3.47B	$ 681.29M	
☆	Bonk BONK	$ 0.0000489	-3.44%	+110.1%	+996.4%	$ 3.40B	$ 983.19M	
☆	FLOKI FLOKI	$ 0.00025	-2.47%	+58.3%	+656.7%	$ 2.43B	$ 366.19M	
☆	Popcat POPCAT	$ 1.76	-7.19%	+40.6%	N/A	$ 1.74B	$ 128.18M	
☆	Based Brett BRETT	$ 0.165	+3.91%	+55.3%	N/A	$ 1.64B	$ 103.79M	
☆	Peanut the Squir... PNUT	$ 1.59	-9.34%	N/A	N/A	$ 1.60B	$ 1.37B	
☆	Goatseus Maximus GOAT	$ 1.05	-12.3%	+157.7%	N/A	$ 1.05B	$ 324.12M	

출처: cryptorank.io

위 사진은 2024년 11월 기준 시가총액 상위의 밈 코인들인데 대부분 최근 상승률이 엄청난 것을 볼 수 있다.

그럼에도 불구하고 이런 밈 코인이 이번 사이클에서 다른 어떤 기술적 비전을 제시하는 코인보다 인기를 얻고 있다. 우측 사진을 보면 2024년 들어 평균 수익률이 가장 좋은 카테고리가 밈 코인(가장 좌측)임을 확인할 수 있는데, 심지어 최근 가장 핫한 트렌드라 할 수 있는 AI 관련 코인들보다도 성적이 좋다. 왜 아무런 가치도 없어 보이는 밈 코인이 기술적으로 가장 핫한 장르인 AI보다도 실적이 좋은 걸까? 그에 대한 힌트를 바로 앞장인 10장에서 설명했다.

■ 2024년 카테고리별 알트코인 평균 수익률

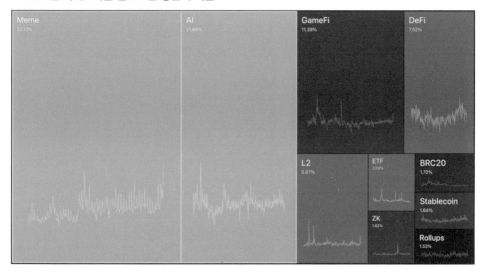

출처: cryptorank.io

내부자나 초기 투자자의 영향력이 약한 밈 코인

지난 사이클에서 수많은 코인들이 기술에 대한 비전을 제시하며 인기를 끌었지만 사이클이 끝나고 하락장에 접어들자 그 약속들의 99%가 지켜지지 않았다. 그리고 암호화폐 투자자들은 그 모습을 처음부터 끝까지 지켜보았다. 이번 사이클에서도 새로운 코인들이 등장하여 멋진 기술적 비전을 제시하고 있지만, 이미 한 번 당했던 투자자들이 그 약속들에 대해 믿음을 가질 수 있을까? 이번 사이클이 끝나고 다시 약세장이 오면 언제 그랬냐는 듯 대부분의 프로젝트들이 긴 잠수에 들어

갈 것임을 투자자들은 감으로 알고 있는 것이다. 따라서 화려한 로드맵을 제시하며 지켜지지 않을 약속으로 투자자들을 유혹하는 최첨단 코인보다 차라리 순수하게 인기만으로 가격이 형성되는 밈 코인에 더 많은 투자자들이 몰리고 있는 것이다. 밈 코인은 그저 트렌드이고 인기일 뿐이라는 것을 모두가 알고 있기 때문에, 더 직관적이고 솔직하게 투자에 접근할 수 있는 것이다. 헛된 미래 비전에 대한 기대를 품지 않아도 좋다. 그런 마케팅에 속아 뒤통수를 맞을 바엔 그냥 사람들과 함께 어울릴 수 있고, 트렌드를 즐길 수 있는 밈 코인에 투자하는 편이 낫다고 생각하는 것이다.

거기에 더해 사람들이 밈 코인을 선호하는 다른 이유가 있다. 이것 역시 지난 사이클에서 많은 아마추어 투자자들이 호되게 당했던 기억과 깊은 연관이 있다. 바로 내부자들과 초기 투자자들이다. 앞에서도 설명했듯 대부분의 알트코인은 초기 투자자들과 내부자들이 대부분의 코인을 가지고, 투자자들을 유인하여 가격을 올린 뒤 이들에게 코인을 떠넘기고 큰 이익을 거둬 빠져나가는 구조이다. 그런데 밈 코인의 경우 커뮤니티에서 인기를 얻어야 코인이 살아남는 관계로 대부분의 코인이 아마추어 투자자들에게 돌아가는 경우가 많다. 커뮤니티 채널에서 특정 미션을 수행한 사람에게 코인을 나눠 준다든지, 암호화폐 지갑 주소로 무작위로 코인을 뿌리는 에어 드랍 등, 여러 방법을 통해 대부분의 코인을 일반 투자자들에게 나눠 준다. 따라서 멋진 기술을 약속하는 다른 알트코인들과 달리 가격이 오르면 물량을 떠넘기고 '먹튀'하는 내부자나 초기 투자자의 영향력이 매우 약한 경우가 많다.

결국 투자자들은 순진하고 투명한 밈 코인이야말로 알트코인 중 가장 낫다는 판단을 내린 것으로 보인다. 대량의 물량을 가진 내부자도 없고, 초기 투자자들도 없다. 헛된 미래를 약속하지도 않으며, 과대 포장된 마케팅으로 사람들을 유혹하지도 않는다. 그저 좋아하는 사람들이 늘어나며 커뮤니티가 발전해 나가고, 이 힘으로 자연스럽게 코인 가격이 상승한다. 지극히 심플한 논리만큼이나 직관적이고 투명한 것이다. 지난 사이클을 통해 알트코인들의 부조리를 너무 많이 겪어버린 투자자들이 돌고 돌아 가장 단순한 코인으로 되돌아오고 있다는 점이 이번 사이클에서 밈 코인이 인기를 끌고 있는 가장 주된 이유처럼 보인다.

분산 투자는 선택이 아닌 필수다

앞 장들에서 살펴본 것처럼 알트코인은 대부분 적정 가치의 근거를 가지고 있지 않으며, 신뢰와 역사가 부족하고, 쉽게 사라질 수 있는 리스크를 가지고 있다. 따라서 이런 알트코인에 너무 큰 자금을 투자하는 것은 적절하지 않을 수 있으며, 극심한 변동성으로 고통받을 가능성도 크다. 그렇다면 알트코인 투자는 어떻게 해야 안전할까?

전통적으로 확신할 수 없고, 변동성이 큰 자산에 안전하게 투자하는 가장 좋은 방법이 있다. 바로 분산 투자이다. 하나의 알트코인에 집중적으로 투자하는 게 아니라, 여러 알트코인에 자금을 분산시켜 투자하는 것이다. 만약 당신이 1개의 알트코인에 집중 투자를 했는데 그 코인이 대박 나서 10배가 올랐다면 10배의 수익을 얻을 수도 있다. 반대로 내부자가 먹튀를 하고 코인 가격이 0원이 되었다면? 모든 돈을 잃게 될 것이다.

그런데 10개의 코인에 자산을 10%씩 분할하여 투자했다고 해보자. 그중 1개의 코인이 10배 올랐고, 2개의 코인이 5배 올랐으며, 4개의 코인이 2배, 2개의 코인이 본전, 1개의 코인이 0원이 되었다면 어떨까? 이 경우 평균 수익률은 200%로 당신의 자산은 3배가 되어 있을 것이다. 대박을 기대하는 코인에 집중 투자해서 그 코인이 실제로 대박이 났을 때보다는 수익률이 낮지만 그래도 한 코인에 잘못 투자했다가 돈을 전부 잃게 되는 것보다는 훨씬 합리적이다. 기대 수익률을 희생하는 대신 변동성과 리스크를 낮추는 것으로, 이게 분산 투자의 기본적인 매커니즘이다.

다만 분산 투자를 진행할 때도 주의해야 할 점이 있다. 만약 당신이 존재하는 모든 코인에 시가총액 순으로 분산 투자를 한다면 어떻게 될까? 당신의 수익률은 딱 시장 평균이 된다. 즉, 분산 투자를 너무 광범

■ **알트코인 분산 투자의 예**

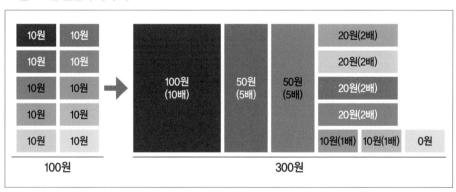

위하게 진행할 경우 수익률 감소가 심해져, 시장의 평균 수익률 수준으로 떨어지게 된다는 점이다. 이것은 분명 당신이 희망하는 결과가 아닐 것이다. 그럴 바엔 차라리 마음 편하게 비트코인 하나에 집중 투자하고 말지, 왜 골치 아프게 알트코인에까지 손을 댄단 말인가. 알트코인에 투자하는 이유는 기본적으로 비트코인에 투자하는 것보다 더 높은 수익률을 기대해서일테니 논리적으로 앞뒤가 맞지 않게 된다.

분산 투자를 하기 위한 최적의 코인 개수

이런 이유로 지나치게 다양한 코인에 분산 투자하는 것은 효율성이 떨어지기 때문에 어느 정도는 타깃을 좁혀야 할 필요가 있다. 그럼 어느 정도로 분산 투자의 대상을 줄여야 할까?

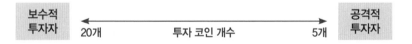

이것 역시 개인의 성향에 따라 달라지게 되는데, 기본적으로는 5~20개 정도로 분산할 것을 추천한다. 만약 자신이 공격적인 투자자이며 리스크를 감당할 자신이 있고, 좋은 코인을 선별해 낼 능력이 있다면, 확신이 있는 소수의 코인에만 자금을 할당하는 게 가능할 것이다. 이 경우 5가지 정도의 소수 코인만으로 포트폴리오를 구성할 수 있다. 반

알트코인 하이퍼 사이클

대로 자신이 보수적이며 리스크를 감당할 자신이 없다면 어느 정도 광범위하게 포트폴리오를 구성할 필요가 있는데, 그 경우 20개 정도가 적당하다고 생각한다. 앞에서도 살펴봤듯 지나치게 광범위한 분산은 수익률을 떨어뜨리고, 투자자의 주의력을 흐리는 단점이 있기 때문이다. 너무 많은 코인에 투자하고 있다면 각각의 코인에 대해 공부할 시간도 부족하고, 가격 흐름을 따라가기도 쉽지 않다. 투자에 들일 수 있는 시간은 개인마다 다르겠지만 하루 종일 투자에만 골몰할 수 있는 전업 투자자가 아닌 경우에는 아무리 많아도 20개 이상의 코인을 집중력 있게 관리하기는 어렵다고 생각한다.

비트코인 수익률 2배를
넘어서는 알트코인

    알트코인에 분산 투자할 때 투자자들이 가장 두려워하는 점은 역시나 수익률의 감소이다. A코인에만 올인하려다 혹시 몰라 B코인도 샀는데 역시나 A코인이 더 많이 오르게 되면 괜히 돈을 잃은 것만 같은 착각에 빠지기도 한다. 혹시라도 내가 산 코인이 잘 못될 경우에 대한 두려움보다는 대박 수익을 놓치게 되는 것은 아닐지에 대한 두려움이 더 큰 것이 사람 마음이다.

    하지만 알트코인에 투자할 때 만큼은 이런 탐욕을 조금은 내려두는 것이 현명하다. 앞에서도 살펴봤듯 알트코인은 기본적으로 위험하다. 돈을 모두 잃을 수도 있는 게 알트코인이다. 따라서 지나친 탐욕을 부리기보다는 어느 정도의 절제가 필요하다. 그리고 그 정도의 절제만으

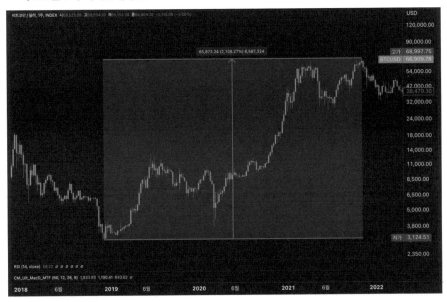

출처: TradingView

로도 충분히 높은 수익을 기대할 수 있는 게 또한 알트코인이다.

지난 사이클에서 '비트코인 vs. 알트코인'의 실적을 살펴보면 그 이유를 알 수 있다. 위의 차트에서 확인할 수 있듯 지난 사이클에서 비트코인은 가장 낮은 가격에서부터 가장 높은 가격까지 약 2,108% 상승했었다. 대략 22배 정도 상승한 것이다. 그럼 알트코인은 어땠을까?

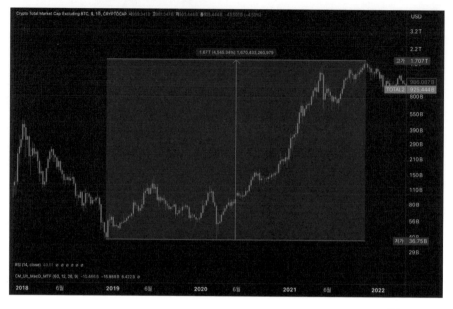

출처: TradingView

4,545%, 비트코인보다 2배 높았던 알트코인 수익률

　위 차트는 전체 암호화폐 시가총액에서 비트코인의 시가총액을 뺀, 그러니까 알트코인 전체의 시가총액을 나타낸다. 그리고 알트코인 전체의 시가총액은 가장 낮은 가격에서부터 가장 높은 가격까지 약 4,545%, 대략 46.5배가 올랐다. 비트코인 대비 알트코인이 2배 이상 더 오른 것이다. 심지어 위의 전체 알트코인 평균에는 가격이 제로가 된 코인들, 그러니까 사라져 버린 코인들도 포함된다. 투자자들이 흔히 말

알트코인 하이퍼 사이클

하는 '잡코인'까지 모두 포함한 알트코인의 전체 평균치이다. 그 전체 평균치만으로도 비트코인 수익률의 2배가 넘는다. 그런데 여기에 공부와 고민을 더해 '잡코인'들을 피해 나만의 '초이스'를 섞는다면 당연히 수익률은 더욱 올라갈 것이다.

그냥 아무 생각 없이 전체 시장만 사더라도 비트코인보다 2배 높은 수익률을 얻을 수 있는데, 이 수익률을 더 끌어올리기 위한 알트코인 포트폴리오를 짜는 것. 이게 바로 알트코인 투자의 핵심이자 가장 중요한 포인트라 할 수 있다.

안정적인 수익률은
포트폴리오에서 나온다

　알트코인의 포트폴리오는 어떤 식으로 구성해야 할까? 알트코인 시즌이 시작된다하여 모든 알트코인이 오르는 것은 아니다. 비트코인 대비 수배에서 수십 배 더 오르는 무지막지한 퍼포먼스를 자랑하는 알트코인도 생기는 반면, 반대로 가격이 제로를 향해 가는 사라질 코인들도 생긴다.

　투자자는 당연히 이런 사라질 코인들을 피하고, 비트코인 대비 더 뛰어난 실적을 낼 수 있는 코인들을 선별해야 한다. 하지만 우리는 예언자가 아니기에 어떤 코인이 얼마나 오를지 알 수 없다. 한두 개의 코인에 올인했는데 다행히 그 코인들이 모두 수십 배씩 오르게 된다면 대박이 나겠지만, 반대로 그 코인들이 모두 0원이 된다면 쪽박을 차게 될

알트코인 하이퍼 사이클

것이다.

따라서 미래를 예측할 수 없는 투자자는 결국 확률에 기대 투자할 수밖에 없다. 그리고 그 확률을 최대한 안정적인 변동성과 수익률로 귀착될 수 있게 만들어주는 게 바로 포트폴리오이다. 다양한 코인들을 적절한 비율로 구성한다면 어떠한 경우에도 안정적인 변동성과 수익률을 낼 수 있다. 개중에는 망하는 코인도 나오겠지만 반대로 대박 나는 코인도 있을 것이며, 일부가 원하는 대로 성적이 안 나오더라도 나머지 중에 좋은 성적을 내는 코인이 있으면서 전체적인 밸런스를 지켜줄 것이다. 그렇다고 아무 코인이나 사도 된다는 말은 아니다. 당연히 좋은 성적을 내는 코인을 더 많이 담을수록 포트폴리오 전체의 수익률은 올라갈 것이기 때문에, 가능하면 좋은 코인들을 많이 선별해야 한다.

전 세계적으로 가장 안정적인 변동성과 수익률을 내는 최고의 분산 투자 자산을 뽑으라면 누구나 미국 증시 지수인 S&P500 ETF를 거론할

■ **S&P500 지수**

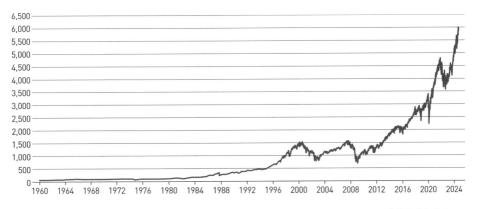

출처: FedPrimeRate.com

것이다. S&P500은 미국 상위 500개 기업으로 구성되어 있고 이 주식들을 모아두어 주식처럼 사고팔 수 있게 만든 금융 상품이 S&P500 ETF이다. 즉 S&P500 ETF를 산다는 이야기는 미국의 상위 500개 기업 전부를 산다는 것과 같은 뜻이다.

과거 S&P500의 평균적인 수익률은 연 10% 정도였다. 겨우 연 10%라고 반문할 수 있겠지만, 복리 효과로 인해 대략 7.5년이면 자산이 두 배가 되는 상당히 뛰어난 수익률이다. 15년이면 자산이 4배가 된다. 이것은 추가 투자가 없을 때의 얘기이며, 추가로 자금을 투자한다면 당연히 자산 중식 속도는 더욱 빨라지게 될 것이다.

또한 S&P500은 변동성이 낮은 자산이기도 하다. 미국 주식들의 변동성을 측정할 때 베타지수를 이용하게 되는데 이 베타지수의 기준점이 되는 것이 S&P500 지수이다. 즉, S&P500은 '베타 1'의 변동성 측정 기준점이 된다. 만약 기준점이 흔들린다면 기준점으로서 작용할 수 있을까? 기준점으로 사용된다는 것은 그만큼 흔들림이 적다는 뜻이기도 한 것이다.

그렇다면 S&P500은 왜 상대적으로 변동성이 낮은 것일까? 거기에는 아주 중요한 이유가 있다. 상위 500개 기업을 포함하는 과정에서 다양한 섹터의 기업들로 구성된다는 점이다.

미국 주식은 기술주, 산업주, 금융주, 소비재주, 유틸리티주 등 각각의 기업이 매진하고 있는 다양한 산업군에 따라 총 11개의 섹터로 나뉜다. 그리고 각 산업군은 강세인 시기와 약세인 시기가 순환하는 특성을 가지고 있는데, 이로 인해 S&P500은 언제 어느 때나 적절하게, 강한

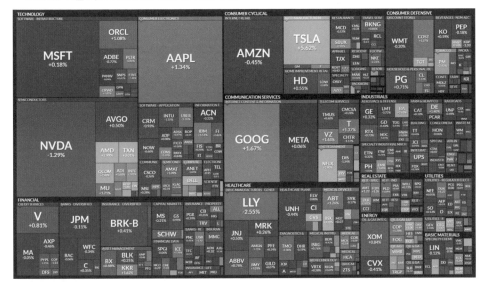

출처: finviz.com

기업들과 약한 기업들을 모두 포함하게 된다. 그리고 이런 특성이 낮은 변동성으로 이어지는 중요한 원인이다.

포트폴리오에 포함될 자산을 서로 상관관계가 낮은 다양한 자산들로 구성하게 되면, 아주 강하거나 아주 약해지는 시기 없이 적절하게 강함과 약함을 오고 가는 밸런스 있는 상태로 유지할 수 있게 된다. 대박도 없지만 쪽박도 없는 것인데, 우리는 도박을 하는 게 아닌 투자를 하는 것이므로 당연히 이런 균형 잡힌 상태가 바람직한 상태일 것이다.

다양한 카테고리의 알트코인으로 구성하라

그럼 알트코인 포트폴리오를 구성할 땐 어떨까? 완전히 같은 이론이 적용된다. 대박도 쪽박도 없는 밸런스 있는 형태를 목표로 자산을 매수해야 한다. 앞에서도 살펴봤듯 알트코인 시장의 평균만 따라가도 비트코인 대비 2배 이상의 수익률을 낼 수 있다. 여기에 나만의 선택을 더하여 쪽박 날 코인을 피하고 대박 날 코인을 더 많이 고를 수 있다면 수익률은 그것에 비례하여 더 커지게 된다. 거기에 더해 안정적인 변동성을 유지하기 위해 S&P500과 마찬가지로 '다양한 섹터'의 코인들로 구성할 수 있다면 포트폴리오는 더 완벽해지게 된다.

알트코인에도 서로 성격이 다른 다양한 코인들이 존재한다. 어떤 코인은 귀여운 캐릭터를 내세운 밈 코인들이며, 어떤 코인은 멋진 기술적 비전을 제시하는 기술 코인이다. 또 어떤 코인은 미래의 금융 혁신을 약속하는 금융 코인이기도 하며, 다른 한편에는 게임 등에 사용될 게이밍 코인도 있다. 이처럼 다양한 성격을 가진 다양한 코인들이 존재하는데 각각의 코인들은 자신들이 몸 담고 있는 섹터에 따라 서로 오르고 내리는 시기가 다르게 적용된다. 당연히 오르는 코인들만 고르고 싶겠지만 우리는 예언자가 아니기 때문에 특정 섹터의 코인에 올인하게 되면 그것은 도박과 다름없다. S&P500의 사례에서 살펴봤듯, 다양한 섹터의 코인들로 구성해야 특별하게 강한 시기도 특별하게 약한 시기도 없는 적절하게 균형 잡힌 포트폴리오가 될 수 있다. 이어지는 PART3에서 다양한 알트코인 카테고리에 대해 알아보겠다.

ALTCOIN
HYPER
CYCLE

PART
3

알트코인
카테고리

알트코인 투자는 분산 투자가 필수다. 분산 투자의 근본적인 목적은 기대 수익률을 다소 포기하더라도 안정성을 높이는 데 있다. 즉 특정한 코인의 수익이 떨어져도 다른 코인에서 수익을 메우겠다는 전략인데 이렇게 투자하기 위해선 다양한 섹터의 알트코인 종류에 대해 파악할 필요가 있다.

PART3에서는 7개로 분류한 알트코인 카테고리의 종류별 특징을 살펴보고 각 카테고리(섹터)에서 대표적인 알트코인들을 '알트코인 컬렉션'을 통해 살펴봄으로써 개인 투자자가 투자할 코인을 선별하는 데 도움이 되고자 한다.

레이어 코인

　그렇다면 알트코인은 어떤 카테고리로 코인들을 구분할 수 있을까? 사실 섹터나 카테고리를 나누는 명확한 기준은 없다. 비슷한 성격을 가진 코인들을 임의로 나누는 것인데, 필자는 주류 섹터의 코인들을 총 7가지로 나누어 보았다. 물론 특성을 더 세분하여 훨씬 더 다양하게 나눌 수도 있겠지만, 너무 세밀하게 분류하면 지나치게 복잡해질 뿐 수익성이나 변동성이 개선된다는 보장도 없다. 그보다는 서로 상관관계가 낮은 코인들을 적절하게 큰 덩어리로 묶어서 분류하는 편이 실제 포트폴리오를 구성하기도 쉽고, 쉬워야 지속력 있게 투자할 수 있다. 필자가 나눈 총 7개의 섹터는 다음과 같다.

① 레이어1 코인

② 레이어2 코인

③ 밈 코인

④ AI 코인

⑤ RWA 코인

⑥ 디파이 코인

⑦ 메타버스 코인

각각의 섹터별로 특성이 다르기 때문에 가격의 움직임도 다르다. 각 섹터는 어떤 특성으로 이루어져 있고, 어떤 코인들이 존재하며, 결정적으로 어떤 코인을 눈여겨봐야 하는지 지금부터 찬찬히 살펴보도록 하자. 알트코인 전체 시장을 한눈에 내려다볼 수 있도록 각각의 코인들을 섹터별로 분류하여 설명하였으며, 그중에서도 돋보이는 코인들을 선별하였다. 결국 투자자들이 알고 싶은 건 '그래서 뭘 사야 하는데?'일 테니 그에 대한 힌트를 얻을 수 있도록 했다. 지금부터 나올 내용들을 모두 익히고 나면 독자 여러분은 알트코인 전문가가 되어 있을 것이다. 먼저 레이어 코인이다.

'레이어'란 무엇일까?

암호화폐와 블록체인에 대해 공부할 때 한 번은 꼭 듣게 되는 용어가 '레이어Layer'이다. 레이어란 영어 단어의 뜻 그대로 '층'을 의미하는 용어인데, 정확히는 블록체인 네트워크의 구조적 계층을 뜻한다. 각 레이어는 특정 기능과 목적을 가지고 있으며, 전체 블록체인 네트워크의 성능, 보안성, 확장성, 그리고 사용자 경험을 결정하는 데 중요한 영향을 미친다. 기본적으로 중요하게 생각하는 레이어는 '레이어1Layer 1'과 '레이어2Layer 2'로 나눌 수 있으며, 이것이 필자가 나눈 7개의 알트코인 섹터 중 2개의 구성요소이다. 이 외에도 레이어0Layer 0과 레이어3Layer 3과 같은 개념도 존재하는데, 암호화폐 투자자라면 간단하게 개념을 익혀두면 좋다.

우선 시작하기 전에 각각의 레이어는 아래 그림과 같은 형태로 이뤄진다는 개념을 머릿속에 넣어두면 좋다. 레이어에 대한 설명은 기술적

■ 레이어의 구조

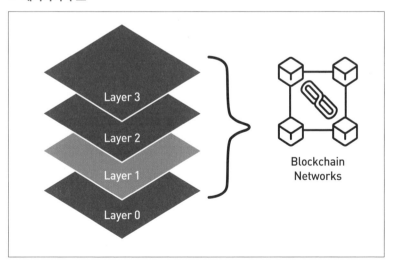

인 요소가 포함될 수밖에 없기 때문에 이해하기 어려운 부분이 있는데, 전체적인 개념을 그림을 통해 알고 있으면 이해하기 훨씬 쉽다. 각각의 레이어는 가장 기본적인 기능을 수행하는 아래층부터 시작하여 더 세분화된 목적성을 가지고 등장한 상위층으로 하나씩 하나씩 쌓아 올려지는 형태라고 보면 된다. 그럼 각각의 레이어가 어떤 역할을 하는지 설명해 보도록 하겠다.

레이어1: 기본 블록체인 네트워크

레이어1은 블록체인의 핵심 인프라로, 가장 기본적이고 중요한 레이어다. 이 레이어는 블록체인의 기본이 되는 프로토콜로서 트랜잭션(거래 내역)을 기록하며, 합의 알고리즘을 통해 이를 검증하는 역할을 한다. 레이어1 블록체인은 그 자체로 완전한 네트워크로 기능하며, 추가적인 레이어나 확장 솔루션이 없어도 독립적으로 운영된다. 대표적인 예로는 비트코인과 이더리움이 있다.

비트코인은 세계 최초의 블록체인 기술로서, 레이어1 블록체인의 대표적 존재이다. 비트코인의 합의 알고리즘인 작업 증명**PoW, Proof of Work**은 네트워크의 보안성을 유지하는 데 중요한 역할을 한다. 그러나 PoW는 높은 에너지 소비와 낮은 트랜잭션 처리 속도라는 단점을 가지고 있어, 이를 개선하기 위한 연구가 지속되고 있다.

이더리움은 비트코인과 마찬가지로 레이어1 블록체인이지만, '스마트 계약Smart Contract' 기능을 추가함으로써 훨씬 더 유연한 활용 가능성을 제공한다. 스마트 계약에 대해서는 뒤에서 '디파이 코인'에 대해 다룰 때 더 살펴보도록 하겠다. 이더리움 네트워크 위에서는 스마트 계약 기능을 이용하여 다양한 디지털 자산, NFT, 디파이 등의 복잡한 금융 서비스를 운영할 수 있다. 그러나 이더리움도 비트코인과 유사하게 확장성 문제를 겪고 있으며, 높은 수수료와 처리 속도의 한계가 존재한다.

레이어1의 확장성 문제는 대규모 사용자가 네트워크에 몰릴 때 더욱 두드러진다. 트랜잭션을 처리하는 속도가 느려지고, 네트워크 사용 비용이 급증하는 현상이 발생한다. 그래서 이러한 문제를 해결하기 위해 레이어2 솔루션이 도입되었다.

레이어2: 확장성 솔루션

레이어2는 레이어1 블록체인 위에서 작동하는 확장성 향상 기술을 의미한다. 즉, 레이어1의 단점을 커버하기 위해 그 위로 새로운 층을 쌓아올린 것이다. 1층에서 못하는 일을 2층에서 할 수 있도록 설계된 건물과 비슷하다. 주로 레이어 1의 느린 트랜잭션 처리 속도와 높은 수수료 문제를 해결하기 위해 레이어2가 이용된다. 트랜잭션을 별도의 네트워크에서 처리한 후 결과만을 레이어1에 기록하는 방식으로 작동한다. 이를 통해 레이어1의 부하를 줄이고, 전체 시스템의 효율성을 높일 수 있는데, 쉽게 설명하면 다음과 같다.

친구 사이인 철수와 영희는 서로 자주 거래를 한다. 이때 매 거래가 이루어질 때마다 블록체인에 거래 내역을 기록하게 되면, 시간도 오래 걸리고 수수료도 많이 나오게 된다. 비트코인의 경우 한 번 거래에 수수료로 1만 원 이상이 나오는 경우가 많다. 거래가 잦은 관계에서 10회 거래를 하게 되면 수수료만 10만 원 이상이 나오는 것이다. 또한 비트코인은 트랜잭션이 확정되기 위해 최소 10분 이상의 시간이 필요하기 때문에 시간 낭비도 커지게 된다. 그런데 이 거래를 매번 기록하지 않고, 최종 결과값만 기록하게 된다면? 시간 절약은 물론 수수료도 아낄 수 있게 된다. 예를 들면 다음과 같다.

철수와 영희는 각각 10개씩 비트코인**BTC**을 보유하고 있다. 철수가 영희에게 1BTC를 보냈고, 영희는 철수에게 2BTC를 보냈다. 다시 철수가 영희에게 3BTC를 보냈고, 영희는 철수에게 2BTC를 보냈다. 마지막으로 철수가 영희에게 1BTC를 보냈다고 해보자. 총 5회의 거래에서 발생한 최종값을 적용하면 철수는 9BTC, 영희는 11BTC를 가지게 된다. 그렇다면 철수가 영희에게 1BTC를 보낸 것으로 최종 결과값만 기록해도 같은 결과를 얻게 된다. 이때 블록체인 네트워크에 이 최종값만 기록하게 된다면 시간과 수수료를 절약할 수 있을 것이다. 그리고 그 역할을 수행하는 것이 레이어2이다. 2층에서 서로 신나게 거래를 하다가 마지막 최종 결과치만 1층에 전달하는 개념으로 이해하면 쉽다. 거래를 할 때마다 1층에 보고해야 한다면 시간과 에너지가 낭비될 것인데, 이것이 바로 블록체인에서의 레이어1과 레이어2의 개념이라 할 수 있다.

알트코인 하이퍼 사이클

가장 대표적인 레이어2 기술 중 하나는 비트코인의 '라이트닝 네트워크Lightning Network'이다. 라이트닝 네트워크는 사용자가 일상적인 소액 결제를 보다 빠르고 저렴하게 처리할 수 있도록 설계되었다. 라이트닝 네트워크를 이용하면, 사용자는 비트코인 메인 체인에서 직접 트랜잭션을 수행하는 대신, 별도의 채널을 통해 트랜잭션을 처리하고 그 결과를 한 번에 레이어1에 기록할 수 있다. 이를 통해 비트코인의 트랜잭션 처리 속도가 획기적으로 개선되며, 수수료도 낮출 수 있다.

이더리움의 레이어2 솔루션으로는 '플라즈마Plasma'와 '옵티미스틱 롤업Optimistic Rollup' 같은 기술이 있다. 둘은 기술적으로 약간의 차이가 있지만, 목적은 비트코인의 라이트닝 네트워크와 마찬가지로 속도와 비용을 개선하는 것이다. 결과적으로 레이어2는 레이어1에서 하지 못하는 부분을 수행하기 위해 존재하는 것이다. 다만, 레이어2가 레이어1의 문제를 해결하는 데 중요한 역할을 하는 것은 맞지만 트랜잭션의 최종적인 보안성은 여전히 레이어1에 의존하게 된다는 한계가 존재한다. 1층이 없으면 결국 2층도 존재하지 못하는 것이다.

우선 이렇게 레이어1과 레이어2가 블록체인에서 가장 중요한 역할을 한다. 레이어0과 레이어3에 대해서도 간단하게라도 개념을 알아두면 좋다.

레이어0: 블록체인 간 상호 운용성

레이어0은 블록체인의 기초 인프라로, 레이어1 블록체인이 작동할 수 있는 기반을 제공하는 계층이다. 쉽게 말해 지하 도로와 같은 개념이라고 생각하면 된다. 그리고 이 지하 도로가 여러 건물에 연결되어 있다고 생각해 보자. 블록체인은 기본적으로 각각 서로 떨어져 고립되어 있는 건물이라고 생각하면 되겠다. 각각의 건물은 서로 연결되어 있지 않기 때문에 지하도로를 통하지 않으면 서로 건너갈 수 없다. 각각의 건물들의 1층(레이어1)을 이 지하 도로를 통해 건너갈 수 있게 해주는 역할, 이것이 바로 레이어0의 역할이다.

레이어0의 대표적인 예로는 '폴카닷**Polkadot**'과 '코스모스**Cosmos**'가 있다. 폴카닷은 여러 블록체인을 하나의 네트워크로 연결하여 상호 운용성을 제공하는 플랫폼이다. 각 블록체인은 독립적으로 운영되지만, 폴카닷의 릴레이 체인**Relay Chain**을 통해 서로 데이터를 교환하거나 자원을 공유할 수 있다. 코스모스도 유사한 방식으로, 다양한 블록체인 네트워크가 서로 통신할 수 있는 환경을 제공한다. 이러한 레이어0 솔루션은 블록체인 생태계의 확장성과 상호 운용성을 크게 향상시킨다.

레이어3: 응용 프로그램과 사용자 인터페이스

레이어3은 블록체인의 응용 프로그램 레이어로, 사용자가 블록체인과 상호작용하는 최종 지점이다. 건물의 가장 높은 층이라고 생각하면 되겠다. 2층에서 모든 작업을 할 수 없기 때문에 새로운 층을 확장한 개념이다.

이 레이어에서는 블록체인 기술을 활용한 다양한 탈중앙화 애플리케이션, 즉 댑Dapp이 운영된다. 댑에 대해 간단하게 설명하자면, 중앙에서 관리하는 회사나 서버 없이 운영되는 앱을 뜻한다. 우리가 보통 사용하는 앱은 애플이나 구글과 같은 회사가 모든 데이터를 관리하지만, 댑은 여러 서버가 함께 데이터를 나눠서 관리하기 때문에 한 곳에서 통제할 수 없다.

이런 레이어3을 이용하여 다양한 댑과 NFT 마켓플레이스, 탈중앙화 금융DeFi, 그리고 블록체인 기반의 게임 등이 운영될 수 있는 환경이 만들어진다. 레이어2에서 미처 하지 못하는 일들을 레이어3을 이용하여 하게 되는 것이다. 레이어1에서 레이어3까지의 계층 구조는 각각의 레이어가 맡은 고유한 역할을 통해 블록체인 기술을 더욱 강력하고 확장성 있게 만들고 있다. 레이어1은 블록체인의 기본적인 보안성과 탈중앙화를 담당하며, 레이어2는 확장성과 효율성을 개선한다. 레이어0은 여러 블록체인 간의 상호 운용성을 제공하고, 레이어 3는 사용자 경험을 극대화하며 블록체인의 실제 응용을 가능하게 한다.

이처럼 각 레이어는 상호 의존적이면서도 서로를 보완하며, 블록체인 기술이 직면한 다양한 문제를 해결하는 데 중요하게 기여하고 있다.

001 이더리움(ETH)

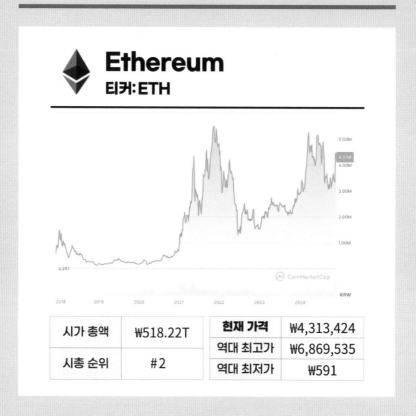

시가 총액	₩518.22T	현재 가격	₩4,313,424
시총 순위	#2	역대 최고가	₩6,869,535
		역대 최저가	₩591

이더리움은 비트코인 다음으로 가장 유명한 암호화폐입니다. 비트코인이 돈을 보관하는 데 집중한다면, 이더리움은 스마트 계약이라는 기능을 추가해 다양한 프로그램을 블록체인에 올릴 수 있습니다. 이 스마트 계약을 통해 돈을 주고받거나 게임 아이템을 거래하는 것도 자동으로 처리할 수 있죠. 전 세계 사람들이 이더리움을 이용해 여러 앱과 게임을 만들고 있으며, 이더리움의 'ETH'라는 코인은 수수료를 내는 데 쓰입니다. 많은 프로젝트가 이더리움을 사용하면서, 이더리움은 점점 더 중요한 역할을 하고 있습니다.

002 솔라나(SOL)

시가 총액	₩157.09T	현재 가격	₩331,824
시총 순위	#4	역대 최고가	₩361,937
		역대 최저가	₩703

솔라나는 '제2의 이더리움'이라 불리며, 빠르고 저렴한 거래가 가능한 블록체인입니다. 솔라나는 이더리움처럼 다양한 앱과 게임을 운영할 수 있지만, 더 빠른 속도로 많은 거래를 처리할 수 있다는 장점이 있습니다. 초당 수천 건의 거래가 가능해 디지털 예술품이나 금융 서비스에 적합하죠. 솔라나의 코인인 SOL은 수수료를 내거나 스테이킹을 통해 보상을 받는 데 쓰이며, 많은 개발자들이 솔라나를 선택하고 있습니다. 블록체인을 통해 빠르고 효율적으로 앱을 사용할 수 있어, 솔라나는 점점 더 인기를 끌고 있습니다.

003 바이낸스 코인(BNB)

시가 총액	₩125.50T	현재 가격	₩873,319
시총 순위	#5	역대 최고가	₩1,011,917
		역대 최저가	₩134

바이낸스 코인은 세계 최대 암호화폐 거래소인 바이낸스에서 만든 유틸리티 코인입니다. BNB는 거래소 수수료를 절약할 수 있으며, NFT 거래, 디파이 같은 다양한 서비스에서도 사용됩니다. 바이낸스 창립자인 창펑 자오Changeng Zhao는 BNB를 통해 바이낸스 생태계를 확장하며 많은 사용자들에게 혜택을 제공합니다. 빠르고 다양한 활용성을 가진 BNB는 암호화폐 시장에서 중요한 역할을 하고 있습니다.

004 리플(XRP)

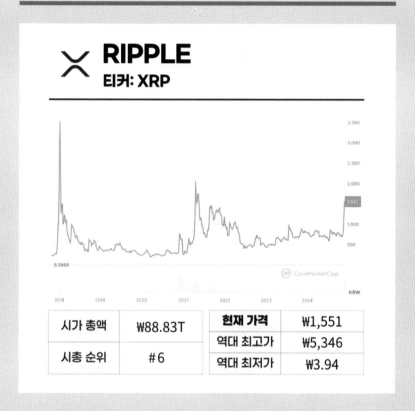

시가 총액	₩88.83T	현재 가격	₩1,551
시총 순위	#6	역대 최고가	₩5,346
		역대 최저가	₩3.94

리플은 국제 송금을 빠르고 저렴하게 처리할 수 있는 암호화폐로, 은행과 금융기관에서 주로 사용됩니다. XRP는 기존 송금 방식보다 속도가 빠르고 수수료가 낮아 금융 시스템을 혁신하고 있습니다. 리플은 구글 출신 임원들이 개발에 참여하며 신뢰를 얻었고, 글로벌 금융기관과 협력하여 다양한 결제 솔루션을 제공합니다. 안정적이고 효율적인 결제 시스템으로 인정받고 있습니다.

005

카르다노(ADA)

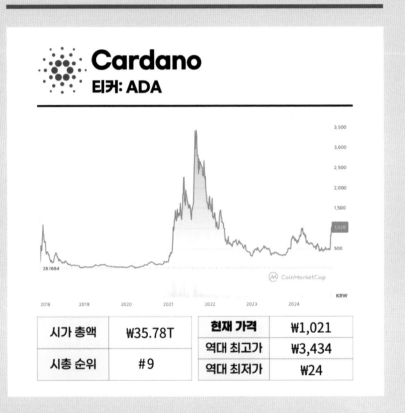

시가 총액	₩35.78T	현재 가격	₩1,021
시총 순위	#9	역대 최고가	₩3,434
		역대 최저가	₩24

카르다노는 이더리움 공동 창립자인 찰스 호스킨슨Charles Hoskinson이 만든 암호화폐로, 환경 친화적인 블록체인으로 알려져 있습니다. ADA는 스마트 계약 실행과 네트워크 운영에 사용되며, PoSProof of Stake 방식을 통해 에너지를 절약합니다. 카르다노는 안정성과 보안을 강조하며 학술적인 연구를 기반으로 설계되었습니다. 디파이와 NFT 같은 다양한 분야에서 활용 가능성이 높습니다.

006 트론(TRX)

시가 총액	₩21.52T	현재 가격	₩249
시총 순위	#10	역대 최고가	₩422
		역대 최저가	₩1.53

트론은 디지털 콘텐츠와 미디어를 위한 암호화폐로, 창립자인 저스틴 선Justin Sun이 블록체인 기술의 잠재력을 알리며 성장시켰습니다. TRX는 콘텐츠 제작자가 중개자 없이 직접 수익을 얻을 수 있도록 돕고, 빠른 거래 속도와 낮은 수수료를 제공합니다. 음악, 동영상 같은 다양한 콘텐츠 플랫폼에서 사용되며, 강력한 커뮤니티와 함께 발전하고 있습니다. 콘텐츠 생태계를 혁신하려는 트론은 점점 더 많은 주목을 받고 있습니다.

007 아발란체(AVAX)

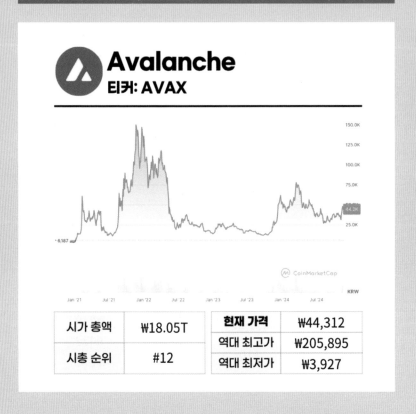

시가 총액	₩18.05T	현재 가격	₩44,312
시총 순위	#12	역대 최고가	₩205,895
		역대 최저가	₩3,927

아발란체는 초당 수천 건의 거래를 빠르게 처리할 수 있는 블록체인 플랫폼입니다. AVAX는 거래 수수료와 스테이킹 보상에 사용되며, 디파이, NFT, 게임 같은 애플리케이션에서 활용됩니다. 창립자인 에민 귄 시러Emin Gün Sirer는 블록체인의 확장성과 속도를 개선하며 아발란체를 설계했습니다. 낮은 수수료와 높은 처리 속도로 차세대 블록체인으로 주목받고 있습니다.

008

톤코인(TON)

시가 총액	₩19.39T	현재 가격	₩7,615
시총 순위	#13	역대 최고가	₩11,465
		역대 최저가	₩543

톤코인은 텔레그램 창립자들이 개발을 시작한 암호화폐로, 빠르고 저렴한 결제를 목표로 합니다. TON은 텔레그램 사용자들이 디지털 결제를 쉽고 안전하게 이용할 수 있도록 설계되었습니다. TON은 메신저와의 통합으로 간편한 결제와 자산 관리를 지원하며, 특히 빠른 처리 속도와 낮은 수수료가 강점입니다. TON은 사용자가 일상생활에서도 디지털 결제를 편리하게 사용할 수 있게 합니다.

009 수이(SUI)

시가 총액	₩15.21T	현재 가격	₩5,322
시총 순위	#14	역대 최고가	₩5,473
		역대 최저가	₩510

수이는 빠른 트랜잭션 처리와 높은 확장성을 제공하는 블록체인 플랫폼입니다. 페이스북의 디엠 **Diem** 프로젝트에서 영감을 받아 설계되었으며, SUI는 거래 수수료와 네트워크 운영에 사용됩니다. 수이는 게임, 디지털 자산 거래 같은 대규모 애플리케이션을 안정적으로 지원합니다. 빠르고 유연한 블록체인으로 많은 개발자들이 선택하고 있습니다.

010   비트코인캐시(BCH)

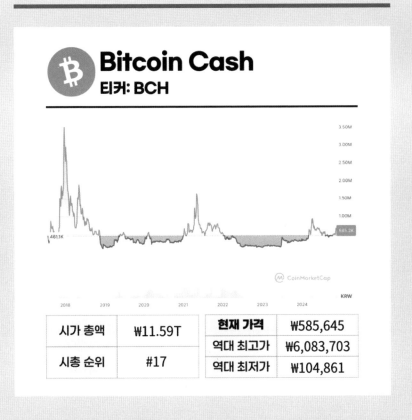

시가 총액	₩11.59T
시총 순위	#17

현재 가격	₩585,645
역대 최고가	₩6,083,703
역대 최저가	₩104,861

비트코인캐시는 비트코인의 한계를 극복하기 위해 만들어졌으며, 더 빠르고 저렴한 결제를 제공합니다. BCH는 블록 크기를 늘려 많은 거래를 동시에 처리할 수 있어 소액 결제와 상거래에 적합합니다. 실생활에서 사용할 수 있도록 설계된 코인으로, 사용자들이 빠르고 간편하게 송금을 할수 있습니다. 비트코인의 안정성과 효율성을 결합한 실용적인 암호화폐로 주목받고 있습니다.

011

폴카닷(DOT)

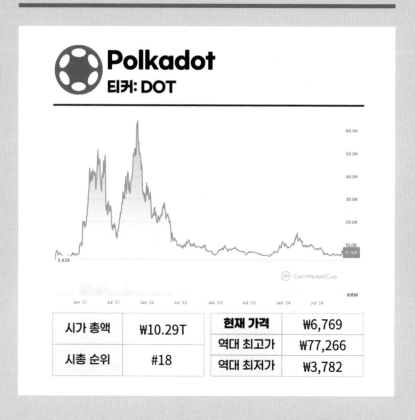

시가 총액	₩10.29T	현재 가격	₩6,769
시총 순위	#18	역대 최고가	₩77,266
		역대 최저가	₩3,782

폴카닷은 여러 블록체인을 연결해 데이터를 주고받을 수 있도록 설계된 암호화폐입니다. 창립자인 개빈 우드Gavin Wood는 이더리움 공동 창립자로, 블록체인 간 협력을 강화하기 위해 폴카닷을 개발했습니다. DOT는 네트워크 운영, 스테이킹, 거버넌스 참여에 사용되며, 다양한 블록체인이 함께 작동할 수 있는 생태계를 제공합니다. 데이터와 기능을 공유하는 혁신적인 블록체인 플랫폼으로 주목받고 있습니다.

012 앱토스(APT)

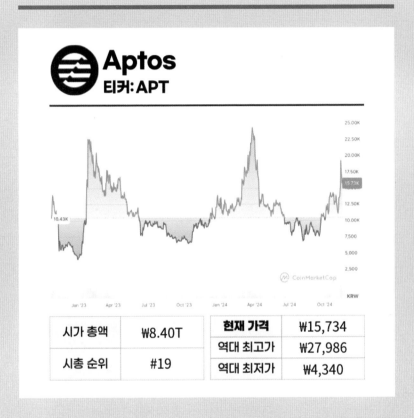

시가 총액	₩8.40T	현재 가격	₩15,734
시총 순위	#19	역대 최고가	₩27,986
		역대 최저가	₩4,340

앱토스는 빠르고 안정적인 거래를 제공하는 차세대 블록체인 플랫폼입니다. APT는 네트워크 수수료와 스테이킹에 사용되며, 디파이와 NFT 같은 다양한 애플리케이션을 지원합니다. 페이스북의 디엠Diem 프로젝트를 기반으로 개발된 만큼, 기술적 신뢰성과 성능을 자랑합니다. 높은 처리 속도와 유연성 덕분에 많은 개발자와 기업들에게 주목받고 있습니다.

013 라이트코인(LTC)

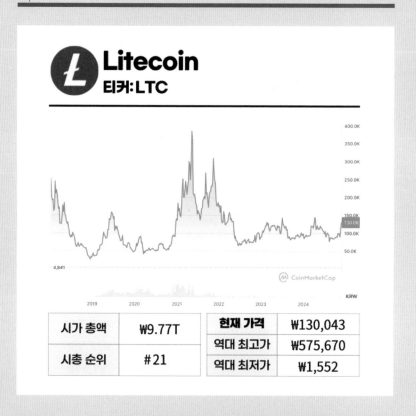

시가 총액	₩9.77T	현재 가격	₩130,043
시총 순위	#21	역대 최고가	₩575,670
		역대 최저가	₩1,552

라이트코인은 "디지털 은"으로 불리며, 비트코인보다 더 빠르고 저렴한 결제를 목표로 설계된 암호화폐입니다. 창립자인 찰리 리Charlie Lee는 비트코인의 한계를 개선하기 위해 라이트코인을 개발했으며, 거래 속도를 높이고 수수료를 낮췄습니다. 라이트코인은 비트코인의 안정성과 빠른 거래 속도를 결합해 실생활에서의 사용성을 높였습니다. LTC는 소액 결제와 상거래에 적합하며, 안정성과 효율성을 갖춘 암호화폐로 사랑받고 있습니다.

014 크로노스(CRO)

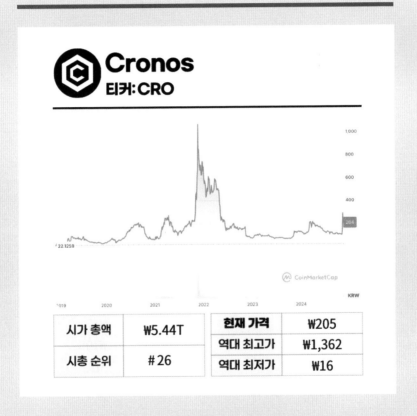

시가 총액	₩5.44T	현재 가격	₩205
시총 순위	#26	역대 최고가	₩1,362
		역대 최저가	₩16

크로노스는 크립토닷컴에서 만든 암호화폐로, 거래 수수료를 절감하고 다양한 서비스를 연결하는 데 사용됩니다. CRO는 NFT 거래, 디파이 서비스, 결제 시스템 등 크립토닷컴 생태계 전반에서 중요한 역할을 합니다. 스포츠 후원을 통해 글로벌 인지도를 높였으며, 사용자들이 다양한 암호화폐 서비스를 쉽게 이용할 수 있도록 돕고 있습니다. 빠르고 효율적인 블록체인 플랫폼으로 자리 잡고 있습니다.

015 헤데라(HBAR)

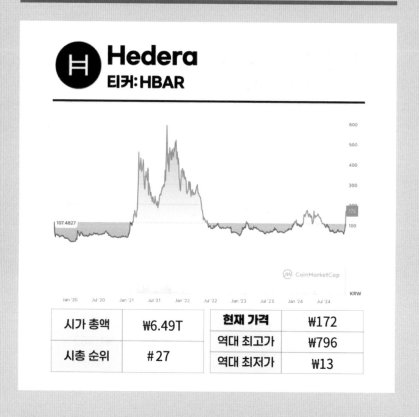

시가 총액	₩6.49T	현재 가격	₩172
시총 순위	#27	역대 최고가	₩796
		역대 최저가	₩13

헤데라는 해시그래프 기술을 기반으로 한 고속 블록체인으로, 낮은 수수료와 빠른 트랜잭션 처리 속도를 제공합니다. HBAR는 네트워크 수수료, 스테이킹, 데이터 인증 등에 사용되며, 특히 대규모 기업과의 협력을 통해 상용성을 확대하고 있습니다. 해시그래프는 기존 블록체인보다 더 효율적이고 안전하다는 평가를 받으며, 금융, 공급망, 공공 서비스 등에서 활용되고 있습니다. 헤데라는 블록체인의 새로운 가능성을 제시하며 주목받고 있습니다.

016 이더리움 클래식(ETC)

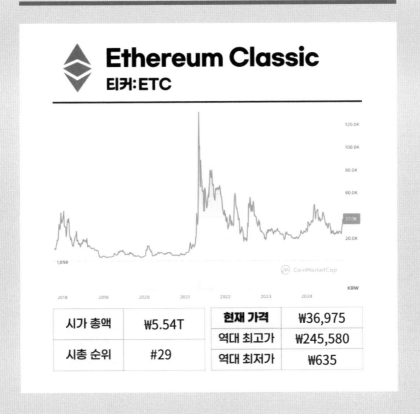

시가 총액	₩5.54T	현재 가격	₩36,975
시총 순위	#29	역대 최고가	₩245,580
		역대 최저가	₩635

이더리움 클래식은 원래의 이더리움 블록체인을 유지하려는 커뮤니티에서 시작된 암호화폐입니다. "변화하지 않는 원칙"을 중요하게 여겨 스마트 계약과 앱을 안전하게 운영할 수 있습니다. ETC는 작업 증명PoW 방식을 사용하며, 탈중앙화와 보안을 중시하는 사용자들에게 신뢰받고 있습니다. 안정성과 보안성 덕분에 꾸준히 주목받는 블록체인입니다.

017 카스파(KAS)

시가 총액	₩5.54T	현재 가격	₩220
시총 순위	# 30	역대 최고가	₩290
		역대 최저가	₩0.2382

카스파는 병렬로 블록을 처리할 수 있는 혁신적인 기술을 기반으로 설계된 암호화폐입니다. KAS는 빠르고 저렴한 거래를 제공하며, 소액 결제, 디파이, 게임 등 다양한 서비스에서 활용됩니다. 특히 비트코인의 처리 속도를 개선하기 위해 개발되었으며, 높은 확장성과 효율성을 자랑합니다. 카스파는 더 많은 트랜잭션을 동시에 처리할 수 있는 블록체인으로 주목받고 있습니다.

018 파일코인(FIL)

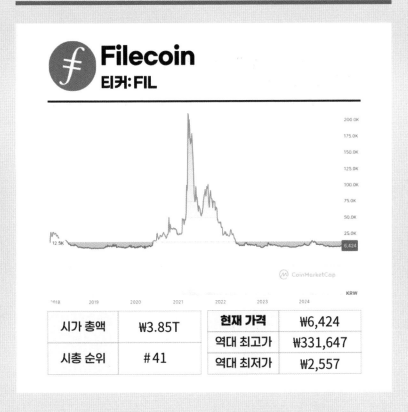

시가 총액	₩3.85T	현재 가격	₩6,424
		역대 최고가	₩331,647
시총 순위	#41	역대 최저가	₩2,557

파일코인은 탈중앙화된 데이터 저장을 목표로 설계된 블록체인으로, 사용자가 유휴 저장 공간을 공유하고 보상을 받을 수 있는 플랫폼입니다. FIL은 데이터를 저장하거나 검색하는 데 사용되며, 기업과 개인이 파일 저장 비용을 줄이고 데이터 보안을 강화할 수 있습니다. 파일코인은 특히 클라우드 저장 서비스의 대안으로 주목받고 있으며, 데이터 주권과 개인정보 보호를 중요시하는 사용자들에게 인기를 얻고 있습니다. 분산형 데이터 저장 기술의 선두 주자로 자리 잡고 있습니다.

019 코스모스 (ATOM)

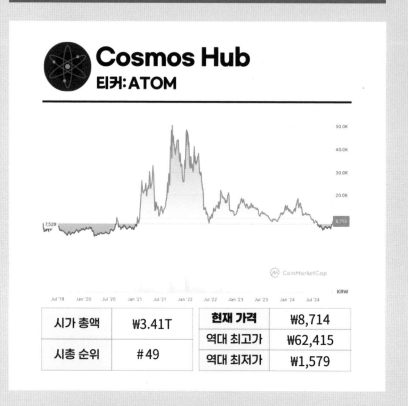

시가 총액	₩3.41T	현재 가격	₩8,714
시총 순위	#49	역대 최고가	₩62,415
		역대 최저가	₩1,579

코스모스는 여러 블록체인을 연결해 데이터를 주고받을 수 있는 '인터넷 블록체인'을 목표로 합니다. ATOM은 코스모스 네트워크에서 스테이킹과 거버넌스 참여에 사용되며, 서로 다른 블록체인이 독립적으로 운영되면서도 협력할 수 있는 환경을 제공합니다. 특히 IBC(인터블록체인 커뮤니케이션) 기술로 블록체인 간 상호운용성을 실현했습니다. 코스모스는 디파이, 데이터 교환 등 다양한 분야에서 사용되며, 블록체인 생태계를 확장하는 중요한 역할을 하고 있습니다.

020 세이(SEI)

시가 총액	₩3.08T	현재 가격	₩724
시총 순위	#51	역대 최고가	₩1,591
		역대 최저가	₩11

세이는 빠르고 효율적인 디파이 플랫폼으로, 트랜잭션 속도와 확장성을 극대화하도록 설계된 레이어1 블록체인입니다. SEI는 독자적인 합의 알고리즘과 고성능 기술을 통해 초당 수천 건의 거래를 처리할 수 있습니다. 이 플랫폼은 금융 애플리케이션과 디파이 프로젝트를 지원하며, 낮은 수수료와 빠른 거래 처리로 개발자와 사용자들에게 적합한 환경을 제공합니다. SEI는 사용자 중심의 설계와 안정성을 바탕으로, 차세대 금융 인프라를 구축하는 데 주목받고 있습니다.

021   팬텀(FTM)

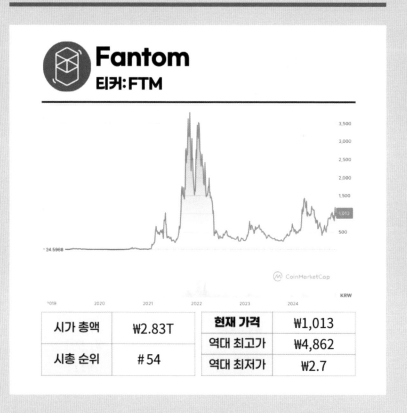

시가 총액	₩2.83T	현재 가격	₩1,013
		역대 최고가	₩4,862
시총 순위	#54	역대 최저가	₩2.7

팬텀은 빠른 트랜잭션 처리와 확장성을 갖춘 레이어1 블록체인으로, 디파이와 스마트 계약 애플리케이션을 지원합니다. 팬텀은 독자적인 라케시스Lachesis 합의 알고리즘을 통해 초당 수천 건의 거래를 처리하며, 낮은 수수료로 효율적인 운영이 가능합니다. FTM은 네트워크 운영, 스테이킹, 디앱DApp에서 활용되며, 사용자와 개발자들에게 편리한 환경을 제공합니다. 팬텀은 빠르고 안정적인 블록체인 인프라를 통해 다양한 산업 분야에서 주목받고 있습니다.

022 알고랜드(ALGO)

시가 총액	₩2.33T	현재 가격	₩281
시총 순위	#61	역대 최고가	₩4,571
		역대 최저가	₩122

알고랜드는 환경친화적이고 빠른 블록체인으로, 창립자인 MIT 교수 실비오 미칼리Silvio Micali 의 암호학 연구를 바탕으로 설계되었습니다. ALGO는 초당 수천 건의 거래를 처리할 수 있으며, PoSProof of Stake 방식을 사용해 에너지를 절약합니다. 알고랜드는 금융 서비스, 디파이, NFT와 같은 다양한 분야에서 사용되며, 투명성과 보안을 강조합니다. ALGO는 네트워크 운영, 스테이킹, 수수료 지불에 사용되며, 특히 지속 가능한 기술에 관심이 많은 사용자들에게 주목받고 있습니다.

023

쿠코인 토큰(KCS)

시가 총액	₩1.79T	현재 가격	₩14,896
		역대 최고가	₩40,253
시총 순위	#71	역대 최저가	₩470

쿠코인 토큰은 쿠코인 거래소에서 제공하는 유틸리티 코인으로, 거래 수수료를 절감하거나 특별 보상을 받을 수 있습니다. KCS 보유자는 거래소의 수익 분배와 스테이킹 보상을 통해 추가 수익을 얻을 수 있습니다. 쿠코인 생태계는 디파이와 NFT 거래소 같은 다양한 서비스를 포함하며, KCS는 이를 연결하는 핵심 역할을 합니다. 쿠코인 거래소의 성장과 함께 KCS의 활용도와 가치가 점점 증가하고 있습니다.

024

비트토렌트(BTT)

시가 총액	₩1.53T	현재 가격	₩0.001575
시총 순위	#76	역대 최고가	₩0.00427
		역대 최저가	₩0.0005113

비트토렌트는 세계 최대의 파일 공유 플랫폼인 비트토렌트를 기반으로 한 암호화폐로, 분산형 데이터 공유를 지원합니다. BTT는 파일 업로드와 다운로드 속도를 높이기 위해 사용되며, 사용자들이 더 빠르고 안정적인 파일 전송을 경험할 수 있도록 돕습니다. 비트토렌트는 기존의 파일 공유 네트워크를 블록체인 기술과 결합해 효율성과 보안을 강화했습니다. BTT는 콘텐츠 제작자와 소비자 간의 연결을 혁신하며, 디지털 콘텐츠 시장에서 중요한 역할을 하고 있습니다.

025 　　　　　　　　　플로우(FLOW)

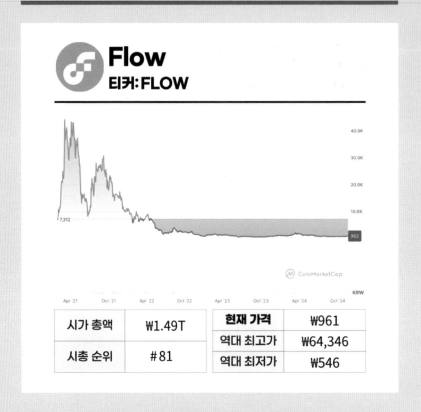

시가 총액	₩1.49T	현재 가격	₩961
		역대 최고가	₩64,346
시총 순위	#81	역대 최저가	₩546

플로우는 디지털 예술품, 게임, NFT 플랫폼을 지원하기 위해 설계된 블록체인입니다. 플로우는 NBA 탑샷NBA Top Shot과 같은 대형 프로젝트로 유명하며, 빠른 거래 속도와 낮은 수수료 덕분에 크리에이터와 사용자를 위한 최적의 환경을 제공합니다. FLOW는 네트워크 수수료와 스테이킹 보상에 사용되며, 특히 NFT 생태계를 지원하는 데 강점을 보입니다. 플로우는 크리에이터와 팬들이 소통하고 거래할 수 있는 독창적인 생태계를 구축하고 있습니다.

026

이캐시(XEC)

시가 총액	₩1.26T	현재 가격	₩0.06364
시총 순위	#91	역대 최고가	₩0.826
		역대 최저가	₩0.02411

이캐시는 비트코인캐시BCH에서 파생된 코인으로, 소액 결제와 빠른 송금을 목적으로 만들어졌습니다. XEC는 낮은 수수료와 높은 거래 속도를 자랑하며, 일상적인 금융 거래를 간편하게 할 수 있도록 설계되었습니다. 특히 디지털 화폐의 기본 개념을 유지하며, 사용자 친화적인 거래 환경을 제공합니다. 이캐시는 금융 접근성이 낮은 지역에서도 사용될 수 있는 실용적인 암호화폐로 주목받고 있습니다.

027 엘론드(EGLD)

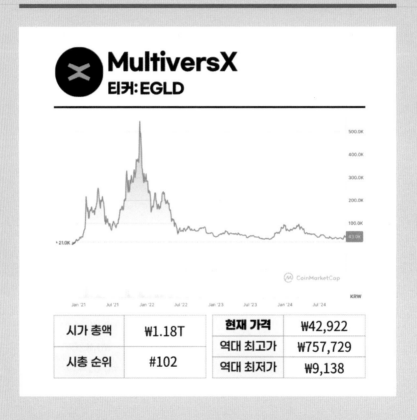

시가 총액	₩1.18T	현재 가격	₩42,922
시총 순위	#102	역대 최고가	₩757,729
		역대 최저가	₩9,138

엘론드는 빠른 트랜잭션 처리와 높은 확장성을 제공하는 블록체인으로, 샤딩 기술을 통해 초당 수만 건의 거래를 처리할 수 있습니다. EGLD는 네트워크 수수료와 스테이킹, 스마트 계약 실행에 사용되며, 사용자가 디파이 및 NFT 서비스를 쉽게 이용할 수 있도록 설계되었습니다. 엘론드는 다양한 산업에서 블록체인의 상용화를 목표로 하며, 효율성과 보안을 강조합니다. 특히 유럽 지역에서의 확장이 활발히 진행되고 있습니다.

028   테조스(XTZ)

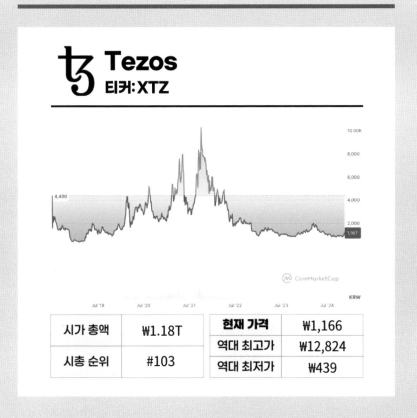

시가 총액	₩1.18T	현재 가격	₩1,166
		역대 최고가	₩12,824
시총 순위	#103	역대 최저가	₩439

테조스는 업그레이드 가능한 스마트 계약 블록체인으로, 사용자들이 직접 네트워크 변경 사항에 투표할 수 있는 독특한 거버넌스 시스템을 갖추고 있습니다. XTZ는 거래 수수료와 스테이킹 보상에 사용되며, 네트워크의 유연성과 보안성을 유지합니다. 테조스는 자율적으로 개선 가능한 구조 덕분에 지속적인 발전이 가능하며, 디파이와 NFT 생태계에서도 점점 더 많은 관심을 받고 있습니다. 특히 에너지 효율적인 블록체인으로 주목받고 있습니다.

029

제타체인(ZETA)

시가 총액	₩529.03B	현재 가격	₩1,021
시총 순위	#106	역대 최고가	₩3,988
		역대 최저가	₩481

제타체인은 블록체인 간 상호운용성을 제공하는 탈중앙화 네트워크로, 서로 다른 블록체인에서 자산을 쉽게 이동할 수 있도록 돕습니다. ZETA는 거래 수수료와 스테이킹에 사용되며, 크로스체인 디파이와 디앱**DApp**의 가능성을 확장시킵니다. 제타체인은 블록체인 간의 데이터와 자산을 안전하게 전송할 수 있는 환경을 제공하며, 다양한 생태계를 연결하는 새로운 플랫폼으로 성장하고 있습니다. 크로스체인 상호작용이 필요한 개발자들에게 중요한 선택지로 떠오르고 있습니다.

030

카이아(KAIA)

시가 총액	₩1.10T	현재 가격	₩187
		역대 최고가	₩219
시총 순위	#108	역대 최저가	₩158

카이아는 고유의 생태계를 통해 사용자가 디지털 자산을 쉽고 안전하게 관리할 수 있도록 지원하는 암호화폐입니다. KAIA는 특히 블록체인 기술과 실생활 금융을 연결하는 데 중점을 두고 있으며, 탈중앙화된 금융DeFi과 관련된 다양한 서비스를 제공합니다. 네트워크 참여자들은 KAIA를 통해 스테이킹 보상을 받고, 수수료를 지불할 수 있습니다. 금융 시스템을 더욱 투명하고 효율적으로 만들기 위해 설계된 코인입니다.

031 칠리즈(CHZ)

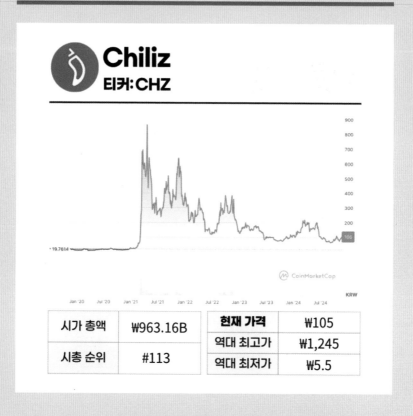

시가 총액	₩963.16B	현재 가격	₩105
시총 순위	#113	역대 최고가	₩1,245
		역대 최저가	₩5.5

칠리즈는 스포츠와 엔터테인먼트 분야에서 사용되는 암호화폐로, 팬들과 팀이 더 가깝게 소통할 수 있도록 돕습니다. CHZ는 축구, 농구, e스포츠 등 다양한 스포츠 팀이 팬들에게 투표와 보상을 제공하는 팬 토큰을 운영하는 데 사용됩니다. 특히 FC 바르셀로나, 파리 생제르맹 같은 유명 축구 팀과 협력하여 글로벌 팬덤을 강화하고 있습니다. 칠리즈는 팬들에게 특별한 경험을 제공하며, 스포츠와 블록체인을 연결하는 대표적인 프로젝트로 주목받고 있습니다.

032   론(RON)

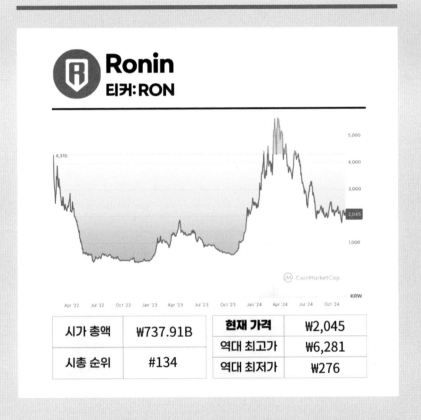

시가 총액	₩737.91B	현재 가격	₩2,045
		역대 최고가	₩6,281
시총 순위	#134	역대 최저가	₩276

론은 인기 게임 '엑시 인피니티Axie Infinity'의 생태계를 지원하기 위해 설계된 블록체인입니다.
RON은 낮은 수수료와 빠른 거래를 제공하며, 특히 게임 내 자산 거래와 보상에 사용됩니다. 엑시
인피니티와 연결된 론 체인은 게임 개발자와 사용자들이 더 효율적으로 상호작용할 수 있는 환경
을 제공합니다. RON은 게임 중심의 블록체인 생태계를 확장하며, 블록체인 게임의 새로운 기준을
제시하고 있습니다.

033 아스트라(ASTR)

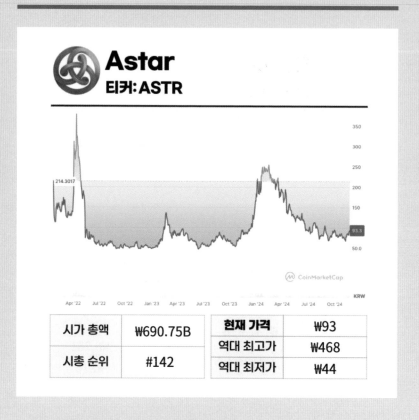

시가 총액	₩690.75B	현재 가격	₩93
		역대 최고가	₩468
시총 순위	#142	역대 최저가	₩44

아스트라는 다양한 블록체인을 연결해 디앱DApp을 효율적으로 운영할 수 있도록 설계된 멀티체인 스마트 계약 플랫폼입니다. ASTR은 네트워크 수수료, 스테이킹, 거버넌스 투표에 사용되며, 블록체인 간 데이터 공유와 상호운용성을 강화합니다. 아스트라는 특히 일본 블록체인 생태계에서 주목받으며, 빠르게 성장하고 있는 프로젝트 중 하나입니다. 멀티체인 기술로 더 많은 개발자와 프로젝트를 유치하고 있습니다

034 아비트럼(ARB)

시가 총액	₩4.01T	현재 가격	₩977
시총 순위	#40	역대 최고가	₩3,351
		역대 최저가	₩603

아비트럼은 이더리움의 트랜잭션 속도와 확장성을 개선하기 위해 설계된 레이어2 블록체인입니다. ARB는 롤업 기술을 사용해 더 많은 트랜잭션을 처리하며, 이더리움의 보안을 유지하면서도 저렴한 수수료를 제공합니다. 디파이와 NFT 같은 애플리케이션에서 사용되며, 개발자와 사용자들에게 높은 효율성을 제공합니다. 아비트럼은 이더리움 생태계와 완벽히 호환되어, 대규모 앱 개발에도 적합합니다.

035

맨틀(MNT)

시가 총액	₩3.44T	현재 가격	₩1,021
시총 순위	#48	역대 최고가	₩2,104
		역대 최저가	₩438

맨틀은 이더리움의 확장성을 높이기 위해 설계된 레이어2 블록체인 솔루션입니다. MNT는 트랜잭션 수수료와 스테이킹에 사용되며, 롤업 기술을 통해 빠르고 저렴한 거래를 제공합니다. 맨틀은 이더리움과 호환되므로 디파이, NFT, 디앱DApp 같은 다양한 애플리케이션을 지원합니다. 개발자들에게 효율적인 환경을 제공하며, 높은 처리 속도와 낮은 수수료로 차세대 블록체인 솔루션으로 주목받고 있습니다.

036 이뮤터블엑스(IMX)

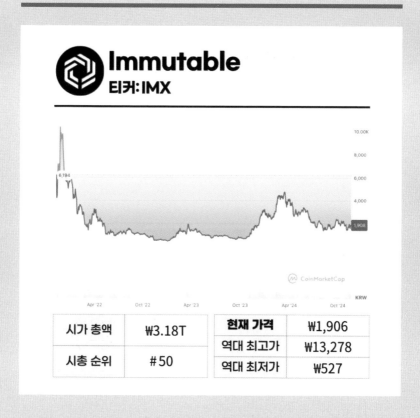

시가 총액	₩3.18T	현재 가격	₩1,906
시총 순위	#50	역대 최고가	₩13,278
		역대 최저가	₩527

이뮤터블엑스는 NFT와 디지털 자산 거래를 위한 레이어2 블록체인 플랫폼입니다. IMX는 이더리움을 기반으로 작동하며, 낮은 수수료와 높은 처리 속도를 제공하여 NFT 시장에서 인기를 끌고 있습니다. 특히 환경 친화적인 기술로 주목받고 있으며, 대규모 NFT 프로젝트와 협력해 생태계를 확장하고 있습니다. 디지털 자산 거래의 효율성과 보안을 강화해 NFT 생태계의 성장을 지원하고 있습니다.

037 옵티미즘(OP)

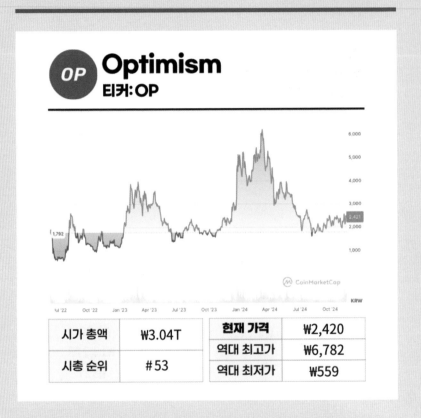

시가 총액	₩3.04T	현재 가격	₩2,420
		역대 최고가	₩6,782
시총 순위	#53	역대 최저가	₩559

옵티미즘은 이더리움 네트워크의 확장성을 높이기 위한 레이어2 솔루션으로, 롤업 기술을 통해 트랜잭션 속도와 효율성을 극대화합니다. OP는 네트워크 수수료 지불과 스테이킹에 사용되며, 디파이와 디앱**DApp** 같은 다양한 애플리케이션에서 활용됩니다. 이더리움과의 높은 호환성을 자랑하며, 더 많은 사용자가 이더리움을 효율적으로 사용할 수 있도록 돕고 있습니다. 옵티미즘은 대규모 블록체인 프로젝트의 성장을 지원합니다.

038 플레어(FLR)

시가 총액	₩1.54T	현재 가격	₩29
시총 순위	#76	역대 최고가	₩111
		역대 최저가	₩11.5

플레어는 블록체인 간 상호운용성을 제공하며, 스마트 계약 기능을 비트코인과 리플 같은 기존 블록체인에 확장하는 것을 목표로 합니다. FLR은 디파이, NFT, 디앱**DApp** 등에서 사용되며, 사용자는 스테이킹과 네트워크 운영에 FLR을 활용할 수 있습니다. 플레어는 다양한 블록체인을 연결해 데이터와 자산을 효율적으로 공유할 수 있도록 설계되었습니다. 특히 리플**XRP**과의 협력으로 주목받으며, 확장성 높은 블록체인 플랫폼으로 자리 잡고 있습니다.

039

스트라이크(STRK)

시가 총액	₩1.39T	현재 가격	₩663
시총 순위	#83	역대 최고가	₩5,120
		역대 최저가	₩447

스트라이크는 디파이DeFi 중심의 플랫폼으로, 암호화폐 대출과 예치를 지원합니다. 사용자는
STRK를 통해 이자를 받거나 자산을 담보로 대출을 받을 수 있습니다. 플랫폼의 간편성과 효율성
덕분에 디파이 생태계에서 인기를 끌고 있습니다. STRK는 네트워크 운영과 보상에도 사용되며,
사용자가 금융 자유를 누릴 수 있는 환경을 제공합니다. 스트라이크는 블록체인 금융의 실용성을
극대화하고 있습니다.

040

폴리곤(MATIC)

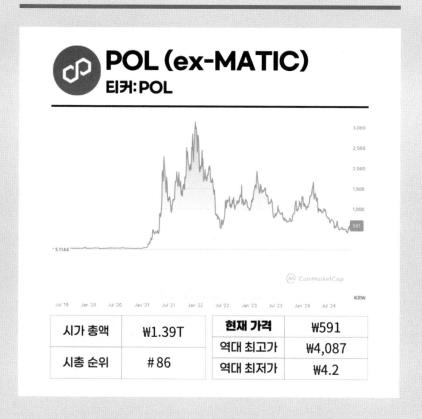

시가 총액	₩1.39T	현재 가격	₩591
		역대 최고가	₩4,087
시총 순위	#86	역대 최저가	₩4.2

폴리곤은 이더리움의 확장성을 높이고, 낮은 수수료와 빠른 속도를 제공하는 멀티체인 네트워크입니다. MATIC은 네트워크 운영과 스테이킹, 트랜잭션 수수료 지불에 사용되며, 디파이, NFT, 디앱DApp 같은 다양한 서비스에서 활용됩니다. 폴리곤은 대규모 프로젝트와 협력해 생태계를 확장하고 있으며, 사용자와 개발자들에게 강력한 블록체인 환경을 제공합니다. 이더리움 생태계의 핵심 솔루션으로 자리 잡고 있습니다.

041

오디널스(ORDI)

시가 총액	₩1.16T	현재 가격	₩55,143
시총 순위	#103	역대 최고가	₩134,437
		역대 최저가	₩4,003

오디널스는 비트코인 네트워크 상에서 NFT와 같은 디지털 자산을 기록할 수 있는 혁신적인 프로젝트입니다. ORDI는 비트코인의 보안을 유지하면서도 데이터와 자산을 블록체인에 영구적으로 저장할 수 있도록 설계되었습니다. 이 프로젝트는 주로 비트코인 기반 NFT와 디지털 예술품 거래에 사용되며, 비트코인 생태계의 새로운 가능성을 열었습니다. ORDI는 디지털 자산의 독창성을 강조하며, 블록체인의 다양성을 확장하고 있습니다.

042   그노시스(GNO)

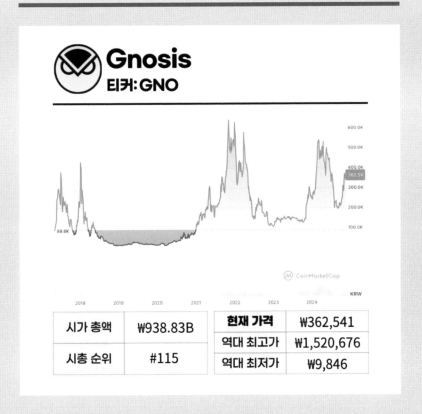

시가 총액	₩938.83B	현재 가격	₩362,541
		역대 최고가	₩1,520,676
시총 순위	#115	역대 최저가	₩9,846

그노시스는 탈중앙화된 예측 시장 플랫폼으로, 사용자가 다양한 사건의 결과를 예측하고 보상을 받을 수 있도록 합니다. GNO는 스마트 계약을 통해 투명한 예측 시장을 운영하며, 네트워크의 스테이킹과 수수료 지불에도 사용됩니다. 그노시스는 예측뿐만 아니라 디파이 애플리케이션 개발에도 활용되며, 금융 데이터 분석과 관련된 새로운 가능성을 제시하고 있습니다. 데이터 기반 시장에서 중요한 역할을 하고 있는 프로젝트입니다.

043

지케이싱크(ZK)

시가 총액	₩773.91B
시총 순위	#130

현재 가격	₩210
역대 최고가	₩433
역대 최저가	₩115

지케이싱크는 이더리움의 확장성과 보안을 강화하기 위해 설계된 레이어2 솔루션으로, ZK 롤업 기술을 사용합니다. 지케이싱크는 트랜잭션 데이터를 압축하여 처리 속도를 높이고, 낮은 수수료로 효율적인 거래를 지원합니다. 디파이와 NFT 같은 다양한 애플리케이션에서 활용되며, 개발자와 사용자 모두에게 안전하고 빠른 환경을 제공합니다. 이더리움과 완벽히 호환되는 혁신적인 플랫폼으로 주목받고 있습니다.

044   엔진코인(ENJ)

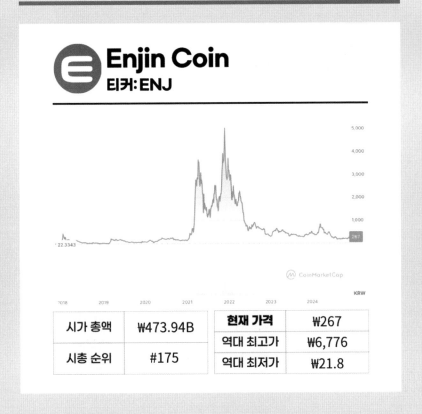

시가 총액	₩473.94B	현재 가격	₩267
		역대 최고가	₩6,776
시총 순위	#175	역대 최저가	₩21.8

엔진코인은 디지털 게임 아이템과 NFT 생성을 지원하는 플랫폼으로, 게임 내 아이템의 소유권을 블록체인에 기록할 수 있습니다. ENJ는 게임 아이템의 거래와 저장을 효율적으로 처리하며, 사용자들에게 안전하고 신뢰할 수 있는 환경을 제공합니다. 엔진은 NFT와 메타버스 생태계에서 중요한 역할을 하며, 많은 게임 개발자와 사용자들에게 사랑받고 있습니다. 디지털 자산과 게임 콘텐츠의 혁신적인 결합을 이끕니다.

045   에이보(AEVO)

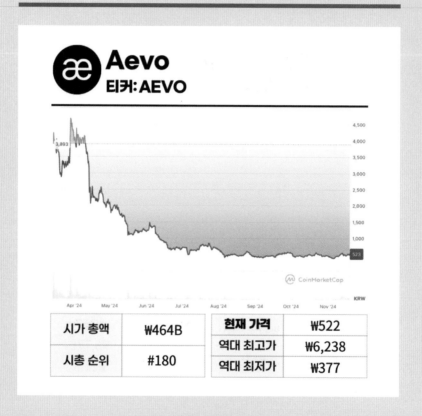

시가 총액	₩464B	현재 가격	₩522
		역대 최고가	₩6,238
시총 순위	#180	역대 최저가	₩377

에이보는 디지털 자산의 파생상품 거래를 위한 블록체인 플랫폼으로, 고속 처리와 안정성을 제공합니다. AEVO는 사용자들에게 투명하고 효율적인 거래 환경을 제공하며, 다양한 금융 상품을 거래할 수 있도록 지원합니다. 파생상품 시장에 특화된 기술로 신뢰성을 강화하며, 블록체인 기반 금융의 새로운 가능성을 열고 있습니다. 빠르고 안전한 플랫폼으로 디지털 자산 거래에 최적화된 환경을 제공합니다.

046 만타 네트워크(MANTA)

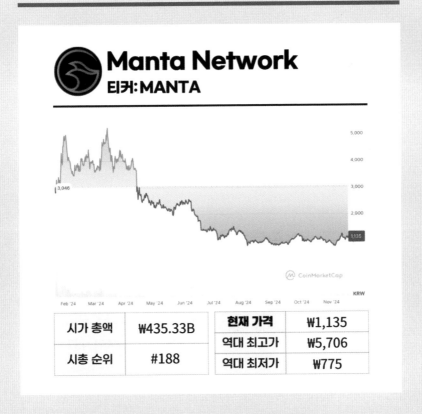

시가 총액	₩435.33B	현재 가격	₩1,135
		역대 최고가	₩5,706
시총 순위	#188	역대 최저가	₩775

만타 네트워크는 프라이버시 중심의 블록체인으로, 사용자의 거래를 암호화해 안전하고 비공개로 처리할 수 있습니다. MANTA는 프라이버시 보호 기술과 디파이를 결합해 개인 정보를 안전하게 보호하며, 네트워크 수수료와 스테이킹 보상에 활용됩니다. 특히 사용자의 금융 데이터를 익명으로 처리할 수 있는 기능으로 주목받고 있습니다. 디지털 자산의 프라이버시를 중요시하는 사용자들에게 인기를 얻고 있습니다.

047   메티스(METIS)

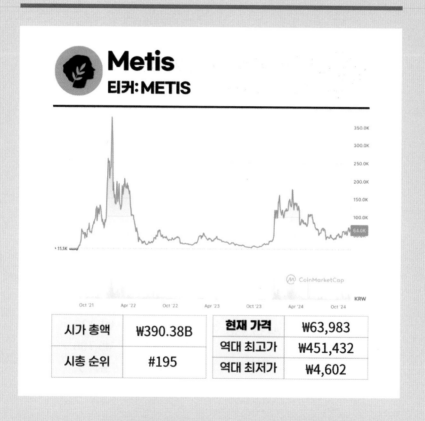

시가 총액	₩390.38B	현재 가격	₩63,983
시총 순위	#195	역대 최고가	₩451,432
		역대 최저가	₩4,602

메티스는 이더리움의 확장성을 높이기 위해 설계된 레이어2 블록체인으로, 커뮤니티 중심의 디앱 **DApp** 생태계를 지원합니다. METIS는 롤업 기술을 사용해 빠르고 저렴한 거래를 제공하며, 네트워크 수수료와 스테이킹에 사용됩니다. 디파이, NFT, DAO 같은 다양한 프로젝트에서 활용되며, 사용자와 개발자들에게 간편하고 강력한 블록체인 환경을 제공합니다. 메티스는 커뮤니티 기반 프로젝트를 활성화하는 데 주력하고 있습니다.

048 스케일(SKL)

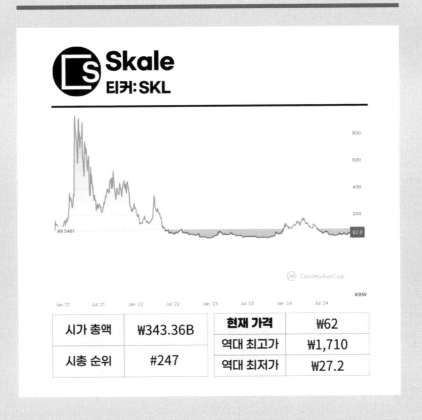

시가 총액	₩343.36B	현재 가격	₩62
시총 순위	#247	역대 최고가	₩1,710
		역대 최저가	₩27.2

스케일은 이더리움의 확장성을 높이기 위해 설계된 레이어2 블록체인 솔루션입니다. SKL은 초당 수천 건의 거래를 처리하며, 낮은 수수료와 높은 보안성을 제공합니다. 디파이, NFT, 게임 등 다양한 애플리케이션에서 사용되며, 네트워크 수수료와 스테이킹에 활용됩니다. 스케일 네트워크는 이더리움의 유연성을 강화하며, 더 많은 사용자가 블록체인을 쉽게 사용할 수 있도록 돕고 있습니다.

049 　　　　　　　　 블라스트(BLAST)

시가 총액	₩282.53B	현재 가격	₩12.6
		역대 최고가	₩41
시총 순위	#276	역대 최저가	₩9.9

블라스트는 고속 트랜잭션과 데이터 전송을 위한 블록체인으로, 주로 게임과 디지털 콘텐츠 플랫
폼에서 활용됩니다. BLAST는 초당 수많은 거래를 처리할 수 있는 성능과 낮은 수수료로 사용자들
에게 효율성을 제공합니다. 블라스트는 게임 내 아이템 거래와 디지털 자산 전송에 특화되어 있으
며, 크리에이터와 소비자 간의 상호작용을 혁신하고 있습니다. 빠르고 안정적인 블록체인 기술로
주목받고 있습니다.

050 타이코(TAIKO)

시가 총액	₩173.31B	현재 가격	₩2,123
시총 순위	#363	역대 최고가	₩4,570
		역대 최저가	₩1,728

타이코는 이더리움의 확장성을 높이기 위한 ZK 롤업 기반 레이어2 블록체인입니다. 타이코는 거래 데이터를 압축하고 처리 속도를 높여, 낮은 수수료와 높은 보안성을 제공합니다. 디파이, NFT 같은 다양한 애플리케이션에서 활용되며, 이더리움 생태계와 완벽히 호환됩니다. 타이코는 차세대 블록체인 솔루션으로, 대규모 애플리케이션 개발에 적합한 환경을 제공합니다. ZK 기술을 통해 블록체인의 혁신을 이끄는 프로젝트로 주목받고 있습니다.

051

모네타(MNTA)

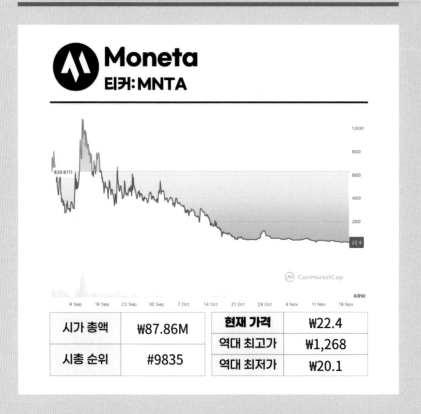

시가 총액	₩87.86M	현재 가격	₩22.4
시총 순위	#9835	역대 최고가	₩1,268
		역대 최저가	₩20.1

모네타는 디파이와 탈중앙화 앱DApp 생태계를 지원하는 블록체인으로, 높은 처리 속도와 효율성을 제공합니다. MNTA는 네트워크 운영과 스테이킹, 수수료 지불에 사용되며, 블록체인 기반 금융 서비스와 디지털 자산 거래를 지원합니다. 사용자와 개발자들에게 안정적이고 유연한 플랫폼을 제공하며, 블록체인 기술의 활용 가능성을 확장하고 있습니다. 디파이와 NFT 생태계에서 점차 주목받고 있습니다.

밈 코인

밈 코인은 특별한 가치를 제공한다거나 비전에 대한 약속 없이, 그저 사람들이 좋아서 거래하고 보유하는 코인을 통칭한다. 그저 코인에 대한 애정만으로 스스로 커뮤니티를 만들고 재미있는 사진들을 공유하면서 특별한 목적성을 가지기보단 즐기기 위한 컬쳐 그 자체로 이용된다.

가장 대표적인 밈 코인이 바로 도지코인이다. 도지코인은 밈 코인 커뮤니티에서 가장 인기 있는 캐릭터인 시바견을 모티브로 한 밈 코인이다. 귀여운 강아지의 얼굴을 내세워 인기를 끌어왔다. 특히 테슬라의 CEO인 일론 머스크가 사랑하는 코인으로도 유명한데, 보통 밈 코인 자체가 특별한 사용 사례를 내세우는 게 아닌 인기를 기반으로 가격이

형성되기 때문에 유명인의 언급이나 홍
보에 따라 가격이 크게 치솟기도 한다.
도지코인의 경우도 일론 머스크가 X에
서 언급할 때마다 가격이 치솟는 것으
로 유명하다.

■ 도지 코인

　PART2에서도 설명했듯 암호화폐 시
장에서 너무나 많은 코인들이 무분별하게 과대 홍보를 하고, 내부자나
초기 투자자들이 일반 투자자들을 유혹한 뒤 물량을 떠넘기는 먹튀 행
위들이 잦게 일어나며 알트코인에 대한 신뢰가 많이 떨어진 상태이다.
하지만 밈 코인은 기본적으로 사용되는 사례가 없기 때문에 기술에 대
한 과대 홍보나 미래 비전에 대한 약속이 없다. 또한 대부분의 밈 코인
이 초기 투자자 없이 실제 암호화폐 사용자들에게 에어 드랍 등의 형태
로 뿌려지기 때문에 대규모 먹튀에 대한 우려도 적다. 이런 이유로 이
번 사이클에선 밈 코인이 그 어떤 알트코인보다도 인기를 끌고 있다.
과거의 수많은 실패 사례를 보며 투자자들이 많은 반성을 한 것으로 보
인다. 따라서 앞으로도 밈 코인은 계속해서 인기를 끌 가능성이 높으
며, 어쩌면 이번 사이클에서 가장 강력한 코인 섹터가 될지도 모른다.

　그런데 모든 밈 코인이 다 인기가 있는 것은 아니다. 워낙 많은 코인
들이 새로 만들어지고 사라지기 때문에 어느 정도의 선별은 필요하다.
기본적으로 밈 코인을 대할 때 알아두면 좋은 트렌드가 있는데, 알아두
면 유용하다.

강아지, 그중에 시바견

밈 코인에서 전통적으로 가장 인기가 있는 코인은 강아지를 대표 이미지로 내세우는 코인들이다. 물론 실제 그 강아지와 모종의 상관관계가 있는 것은 아니다. 그저 대표 이미지로 강아지를 내세우고 있는 것에 불과하다. 하지만 투자자들은 사람이고, 사람은 이미지에 쉽게 현혹된다. 어떤 코인이 귀여운 강아지를 내세우면 사람들은 감정적으로도 그 코인에 애정을 느끼게 된다. 실제로는 그 강아지 캐릭터와 아무런 연관관계가 없음에도 말이다.

2024년 11월 기준 시가총액 상위 5개의 랭크되어 있는 밈 코인들을 보면 3위의 PEPE를 제외하고는 나머지 4개의 밈 코인이 모두 강아지,

■ **2024년 11월 기준 시가총액 상위 5개 밈 코인**

	Name	Market Cap
☆	Dogecoin DOGE	$ 53.98B
☆	SHIBA INU SHIB	$ 14.49B
☆	Pepe PEPE	$ 8.51B
☆	dogwifhat WIF	$ 3.43B
☆	Bonk BONK	$ 3.38B

출처: cryptorank.io

그중에서도 시바견을 모티브로 하고 있는 것을 확인할 수 있다. 밈 코인 대장인 DOGE 역시 시바견이며 2위인 SHIBA는 이름 그대로 시바견이다.

그럼 왜 밈 코인 중에 유달리 강아지가 인기 있는 것일까? 이유는 간단하다. 실제로 사람들이 가장 많이 키우는 반려 동물도 강아지가 아닌가. 밈 코인은 사람들의 인기를 먹고 사는 코인이다. 따라서 원래 사람들이 가장 좋아하는 캐릭터가 밈 코인에도 그대로 적용되는 것이다.

그럼 왜 하필 강아지 중에서도 시바견일까? 그것은 아마도 밈 코인 1위인 DOGE가 시바견이기 때문이 아닐까, 추측한다. 밈 코인이 내세우는 이미지는 일종의 브랜드이다. 그리고 이 브랜드에서 이미 시바견이 밈 코인계의 주류로서 자리를 잡아버렸기 때문에 다른 브랜드가 그 아성을 넘기 어려운 것이다. 아무리 맛있는 콜라가 새로 나오더라도 사람들은 코카콜라를 최고의 콜라로 생각하지 않을까? 그것과 비슷한 현상으로 생각해도 좋을 것 같다.

참고로 강아지 중 시바견이 아닌 밈 코인은 피하는 게 좋은데 2024년 11월 기준, 시가총액상 상위에 있는 강아지 밈 코인 중 1위부터 8위까지가 모두 시바견이기 때문이다. 즉, 강아지 밈 코인 중에서는 시바견이 압도적 1위이며 그 외의 다른 강아지들은 인기가 없다. 그런데 밈 코인은 인기가 중요한 트렌드를 먹고 사는 코인이기 때문에 굳이 현재의 트렌드에서 벗어난 코인을 사는 것은 위험성이 크다.

B급 감성

두 번째로 최근 들어 새롭게 떠오르는 트렌드가 있다. 지난 사이클까지만 하더라도 별로 주목받지 못했는데 이번 사이클 들어 크게 인기를 끌고 있는 그것은 우리가 흔히 '병맛'이라고도 부르는 B급 감성이다. 사실 B급 감성의 인기는 코인에만 국한되진 않는다. 대기업의 광고에도 B급 감성이 활용되고 있는 게 그 증거이다. 그리고 이런 B급 감성이 코인 시장으로도 넘어 왔다. 상위 5개 코인 중 당당하게 3위의 자리를 차지하고 있는 코인은 PEPE라 불리는 개구리 캐릭터이다. 이 캐릭터는 원래 2005년에 만화에 등장했던 캐릭터인데 인터넷 밈 문화의 발달과 함께 인기를 끌고 있다.

그런데 이 캐릭터를 잘 들여다보자. 귀여운가? 물론 귀엽다 느끼는 사람도 있겠지만 강아지처럼 누구나 쉽게 귀여움을 느낄 캐릭터는 아니다. 굳이 얘기하자면 친근감 정도? 아무튼 이런 느낌의 소위 '병맛' 캐릭터가 인기를 끌고 있는 게 최근 코인

■ 페페 코인

시장의 트렌드이다. PEPE 외에도 BRETT, BOME, PONKEY등 B급 감성을 테마로 하는 밈 코인들이 주요 밈 코인으로 부상하고 있다.

또 이번 사이클 들어 새롭게 부상하고 있는 캐릭터가 있는데, 바로 고양이이다. 반려 동물계의 투탑이라고 하면 단연 강아지와 고양이일 것이고, 그런 의미에서 고양이 코인도 최근 들어 인기를 끌고 있다.

2024년 11월 기준 시가총액 상위 6위의 POPCAT, 11위의 MEW, 12위의 MOG가 모두 고양이이다. 이처럼 시가총액 상위에 다수의 고양이 코인들이 랭크되어 있기 때문에, 고양이 코인 역시 새로운 트렌드라 볼수 있다. 다만 강아지 코인에서의 시바견처럼 특정 종을 내세우고 있지만은 않으며, 다양한 고양이 캐릭터들이 인기를 끌고 있다는 점도 특징이다.

이처럼 강아지, 고양이와 같이 동물을 활용한 밈 코인들이 많이 등장하는데 이것은 역시나 사람들에게 쉽게 어필할 수 있는 캐릭터가 동물이기 때문일 것이다. 다만 위에서도 보았듯이 인기 있는 밈 코인의 트렌드는 어느 정도 정해져 있기 때문에 트렌드에서 너무 벗어난 밈 코인에 투자하는 것은 위험하다. 기본적으로 이미 인기 있는 트렌드 내에서 투자하는 게 안전하다.

052 도지코인(DOGE)

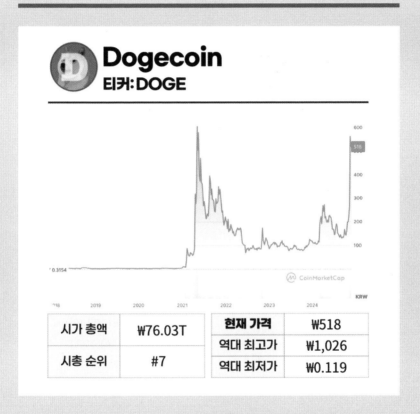

시가 총액	₩76.03T	현재 가격	₩518
시총 순위	#7	역대 최고가	₩1,026
		역대 최저가	₩0.119

도지코인은 원래 농담처럼 시작된 암호화폐였지만, 일론 머스크의 강력한 지지로 전 세계에서 사랑받는 코인으로 자리 잡았습니다. DOGE는 빠른 트랜잭션 처리와 낮은 수수료로, 소액 결제나 팁 주고받기 같은 일상적인 사용에 적합합니다. 특히 머스크가 트위터에서 도지코인을 언급하면서 대중적인 인지도를 얻었습니다. 도지코인은 간단하고 친근한 이미지로 암호화폐를 처음 접하는 사람들에게도 쉽게 다가갑니다. 팬덤 중심의 커뮤니티가 강력하며, 이러한 커뮤니티의 참여는 도지코인의 지속적인 성장과 발전을 이끌고 있습니다. 인터넷 밈과 결합한 독특한 매력으로 많은 사람들이 도지코인을 사용하고 있습니다.

053 시바이누(SHIB)

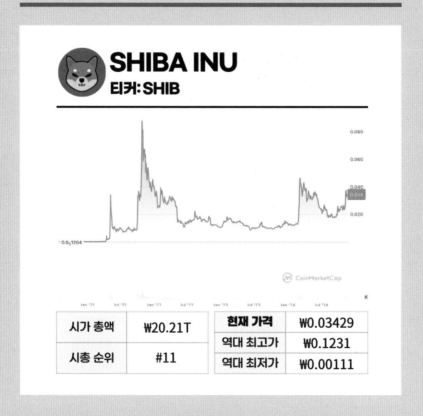

시가 총액	₩20.21T	현재 가격	₩0.03429
		역대 최고가	₩0.1231
시총 순위	#11	역대 최저가	₩0.00111

시바이누는 '도지코인의 라이벌'로 불리며, 이더리움 블록체인을 기반으로 만들어졌습니다. SHIB는 디파이와 NFT 프로젝트를 지원할 수 있는 잠재력을 갖추고 있으며, 소액 결제와 커뮤니티 활동에서 주로 사용됩니다. SHIB는 도지코인처럼 밈 코인의 특성을 유지하면서도 더 다양한 활용 사례를 제공하려는 목표를 가지고 있습니다. 일론 머스크의 시바견 관련 트윗으로 주목받으며 인기를 얻었고, 강력한 커뮤니티 주도로 발전하고 있습니다. SHIB는 단순한 재미 요소를 넘어, 디지털 자산 생태계에서 새로운 가능성을 열어가고 있는 코인입니다.

054

페페(PEPE)

시가 총액	₩11.90T	**현재 가격**	₩0.0283
		역대 최고가	₩0.03513
시총 순위	#18	**역대 최저가**	₩0.00003847

페페는 인터넷 밈의 상징인 '페페 개구리'에서 영감을 받아 만들어진 암호화폐로, 재미와 유머를 강조하는 밈 코인의 대표 주자입니다. PEPE는 소셜 미디어와 커뮤니티 활동을 중심으로 성장하며, 밈 문화와 암호화폐의 결합을 통해 빠르게 대중적인 인지도를 얻었습니다. 거래는 주로 커뮤니티 내에서 활발히 이루어지며, 사용자들이 쉽게 참여할 수 있는 재미있는 요소들이 많이 포함되어 있습니다. PEPE는 단순히 웃음을 주는 것에 그치지 않고, 디지털 자산의 새로운 접근 방식을 제시하며 많은 팬들에게 사랑받고 있습니다. 밈 코인 중에서도 독창성과 유머로 돋보이는 프로젝트입니다.

055

본크(BONK)

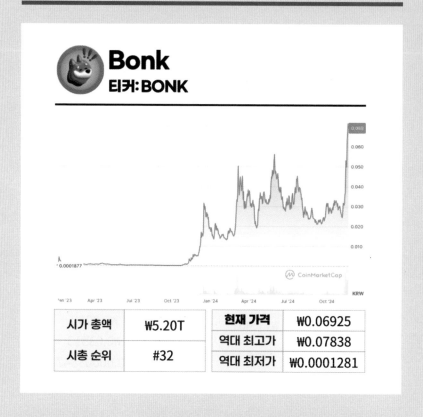

시가 총액	₩5.20T	현재 가격	₩0.06925
시총 순위	#32	역대 최고가	₩0.07838
		역대 최저가	₩0.0001281

본크는 솔라나SOL 기반의 밈 코인으로, 도지코인과 시바이누의 인기를 이어받아 탄생했습니다. 본크는 솔라나의 빠른 속도와 낮은 수수료 덕분에 더 많은 사용자들이 쉽게 접근할 수 있는 밈 코인으로 자리 잡았습니다. 특히 소셜 미디어와 커뮤니티 내에서 활발한 거래와 이벤트를 통해 성장했습니다. 본크는 도지코인과 같은 재미 요소를 살리면서도, 솔라나 생태계의 확장을 돕는 데 기여하고 있습니다. 디지털 자산과 커뮤니티의 상호작용을 강조하며, 유머와 실질적 가치를 동시에 제공하는 코인입니다.

056 위프코인(WIF)

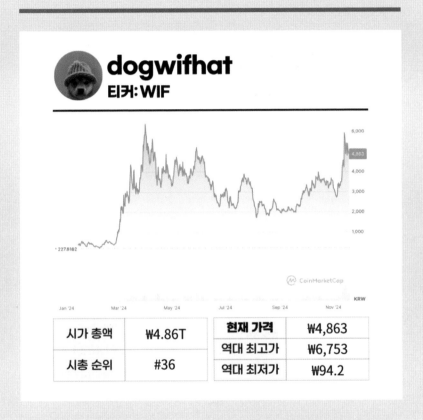

시가 총액	₩4.86T	현재 가격	₩4,863
시총 순위	#36	역대 최고가	₩6,753
		역대 최저가	₩94.2

위프코인은 디지털 콘텐츠 제작자와 소비자를 직접 연결하기 위해 설계된 암호화폐로, 중개자 없이 콘텐츠 거래를 가능하게 합니다. 낮은 수수료와 빠른 트랜잭션 처리 속도 덕분에 사용자들이 더 효율적으로 디지털 자산을 주고받을 수 있습니다. 위프코인은 주로 크리에이터가 자신의 콘텐츠를 판매하거나 팬들과 소통하는 데 사용됩니다. 소셜 미디어 기반의 거래를 활성화하여 사용자들에게 새로운 경험을 제공합니다. 디지털 콘텐츠와 암호화폐의 접점을 확대하며, 많은 크리에이터들에게 실질적인 가치를 제공하는 코인으로 자리 잡았습니다.

057 　　　　　　　　 플로키(FLOKI)

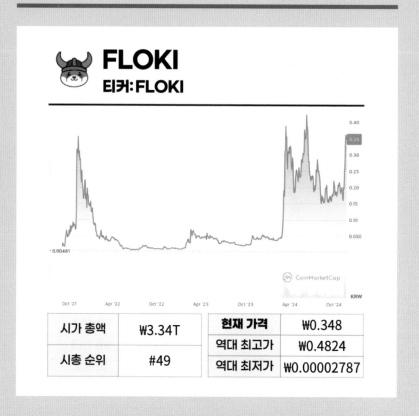

시가 총액	₩3.34T
시총 순위	#49

현재 가격	₩0.348
역대 최고가	₩0.4824
역대 최저가	₩0.00002787

플로키는 일론 머스크의 반려견 이름에서 영감을 받아 만들어진 암호화폐로, 유머와 암호화폐의 만남을 상징합니다. FLOKI는 단순한 밈 코인을 넘어 디파이, NFT 프로젝트 같은 실질적인 사용 사례를 제공하며, 커뮤니티 중심으로 운영됩니다. FLOKI는 사용자들에게 낮은 수수료와 빠른 거래를 제공하며, 교육과 자선 활동을 포함한 다양한 프로젝트를 진행하고 있습니다. 커뮤니티의 참여를 통해 암호화폐의 사회적 가치를 높이려는 목표를 가지고 있습니다. FLOKI는 유머와 실제 활용성을 결합해 대중적으로 인기를 끌고 있는 코인입니다.

058 팝캣(POPCAT)

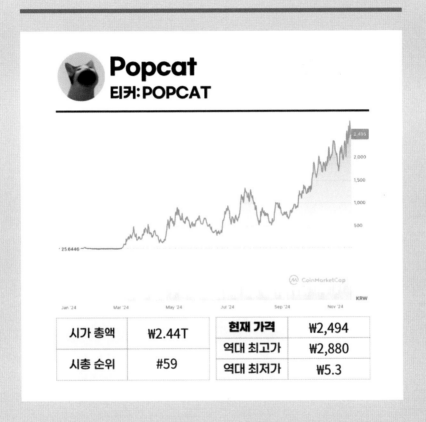

시가 총액	₩2.44T	**현재 가격**	₩2,494
		역대 최고가	₩2,880
시총 순위	#59	역대 최저가	₩5.3

팝캣은 인터넷 밈 '팝캣'에서 탄생한 암호화폐로, 커뮤니티와 재미를 중심으로 성장했습니다. POPCAT은 사용하기 쉬운 구조와 낮은 거래 수수료 덕분에 다양한 소셜 활동과 커뮤니티 이벤트에서 사용됩니다. 밈 코인 특유의 유머와 독창성을 활용해 디지털 자산 세계에 친근함을 더했습니다. 특히 커뮤니티 내에서 팝캣 관련 콘텐츠와 함께 즐거움을 공유하며 성장하고 있습니다. POPCAT은 디지털 문화와 암호화폐의 만남으로 독특한 팬층을 형성하고 있습니다.

059 브렛코인(BRETT)

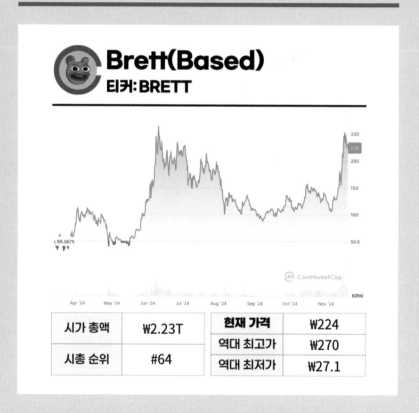

시가 총액	₩2.23T	현재 가격	₩224
시총 순위	#64	역대 최고가	₩270
		역대 최저가	₩27.1

브렛코인은 인터넷 밈 문화와 암호화폐의 결합으로 탄생한 코인으로, 유머와 커뮤니티 중심의 접근 방식을 강조합니다. BRETT는 소셜 미디어와 커뮤니티 이벤트를 통해 사용자들에게 참여와 재미를 제공합니다. 낮은 수수료와 간단한 거래 구조로 대중적인 인기를 얻으며, 커뮤니티 주도의 프로젝트로 지속적으로 성장하고 있습니다. BRETT는 디지털 자산을 유머러스한 방식으로 접근하며, 팬들과의 상호작용을 중요시하는 코인입니다.

060

미우코인(MEW)

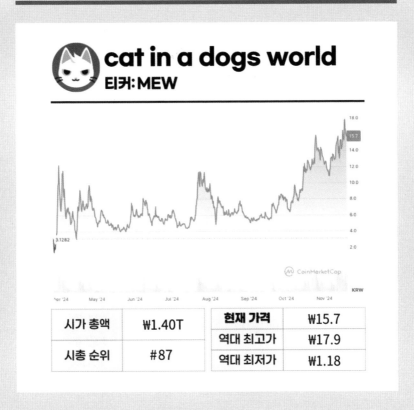

시가 총액	₩1.40T	현재 가격	₩15.7
시총 순위	#87	역대 최고가	₩17.9
		역대 최저가	₩1.18

미우코인은 디지털 결제와 소액 거래를 지원하는 암호화폐로, 사용자 친화적인 인터페이스를 제공합니다. 낮은 수수료와 빠른 트랜잭션 처리로 게임과 소셜 플랫폼에서 자주 사용됩니다. MEW는 디지털 자산의 안전한 관리와 거래를 돕는 동시에, 사용자 경험을 간소화하는 데 중점을 둡니다. 특히 사용자들이 더 쉽게 암호화폐를 이해하고 사용할 수 있도록 설계되었습니다. MEW는 디지털 결제를 효율적으로 지원하며 다양한 온라인 활동에서 활용됩니다.

061 북오브밈(BOME)

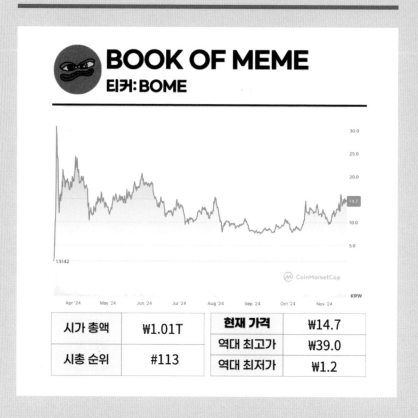

BOOK OF MEME
티커: BOME

시가 총액	₩1.01T	현재 가격	₩14.7
		역대 최고가	₩39.0
시총 순위	#113	역대 최저가	₩1.2

북오브밈은 소셜 미디어와 커뮤니티 활동 중심으로 설계된 암호화폐로, 사용자들이 참여하고 보상을 받을 수 있는 생태계를 제공합니다. BOME는 낮은 거래 수수료와 쉬운 접근성으로 커뮤니티 이벤트와 소셜 활동을 더욱 활성화합니다. 밈 코인의 특성을 살리면서도 사용자들이 디지털 자산 생태계에서 실제 가치를 얻을 수 있도록 설계되었습니다. BOME는 소셜 기반 암호화폐로 독창성과 활용성을 결합하며, 빠르게 인지도를 높이고 있습니다.

AI 코인

아마 요즘 뉴스에서 가장 많이 듣게 되는 단어가 바로 인공지능, 즉 AI일 것이다. 챗 GPT의 등장 이후 AI는 이미 일상으로 침투하고 있으며, 실제로 먼 미래의 꿈이 아니라 당장 업무나 일상생활에서도 사용이 가능해지고 있는 상황이다. 테슬라가 개발 중인 완전 자율 주행도 AI를 이용하는 기술이며, 완성되면 인간이 운전대로부터 해방되는 혁신이 될 것이다.

이런 흐름을 타고 투자 시장에서도 AI 기술과 관련된 기업들의 주식이 크게 각광받고 있다. 가장 대표적인 기업이 엔비디아인데, 얼마 전 일시적으로 미국 기업 1위인 애플을 꺾고 시가총액 1위로 등극한 적도 있을 정도로 AI가 투자 시장의 핵심 테마로 떠올랐다. 그 외에도 마이

크로소프트, 구글, 아마존, 메타 등 시가총액 상위에 랭크된 대부분의 기업들이 직간접적으로 AI와 큰 연관성이 있으며, 반대로 AI 기술에서 도태된 기업은 주가가 떨어지는 등 AI 편중 현상이 나타나고 있다.

이런 트렌드는 암호화폐 시장에도 그대로 적용이 되는데, AI와 기술적 관련이 있는 것으로 선전하는 'AI 코인'들이 큰 인기를 끌고 있다. AI 코인은 일반적으로 인공지능 기술과 블록체인을 결합한 혁신을 내세운다. 주로 인공지능 기술의 개발과 활용, 상호작용을 지원하는 프로젝트를 내세우고 있다. 예를 들어 AI 개발에 필수적인 클라우드 서비스를 제공하는데 이것을 분산 컴퓨팅 형태로 제공하는 것이다. 이때 컴퓨터 리소스를 얻고 싶은 측에서 AI 코인을 지불에 사용하고 리소스를 제공하는 측은 AI 코인을 대가로 받는 것과 같은 방식으로 코인이 이용된다. 현재 대부분의 클라우드 서비스는 아마존, 마이크로소프트, 구글을 통해 제공되고 있는데, 블록체인을 이용하면 특정 중앙 서버에 의존하지 않고, 여러 참여자가 분산되고 탈중앙화된 방식으로 이용할 수 있게 되는 장점이 있다. 그리고 그 서비스를 유지하기 위한 보상으로 AI 코인이 사용되는 형태라고 이해하면 되겠다.

AI 코인의 인기를 가로막는 걸림돌

그런데 주식 시장에서는 AI가 붐이라고 불러도 좋을 정도로 큰 인기를 끌고 있고, 시장 전체를 끌고 나가는 대장 섹터인 반면 암호화폐 시장에선 현재까지는 밈 코인에 비해 인기가 덜하다. 왜일까?

앞에서 설명했던 대로이다. 투자자들이 그동안 여러 코인 프로젝트들이 거창한 기술적 비전의 제시와, 한껏 부풀려진 사용 사례에 대한 약속을 제시하고는 실제로 이뤄지지 않는 모습을 보아왔기 때문이다. 거기에 더해 그런 멋들어진 과대 광고로 사람들을 유혹해 놓고는 내부자와 초기 투자자들이 대량의 물량 떠넘기기를 하며 먹튀하는 모습을 셀 수도 없이 보아왔다. 따라서 이제 잘 믿지 않게 되어버린 것이다. 이런 점이 현재 AI 코인의 발목을 잡고 있는 가장 큰 걸림돌이다. 대중의 이런 불안 요소를 잠재우고 실제로 약속했던 제안 등을 현실로 실현해 내는 모습을 보이면서 신뢰를 회복하는 것이 기술적 코인들이 가진 공통된 과제라고 할 수 있다.

그럼에도 불구하고 어쨌든 이번 사이클에서 밈 코인 다음으로 화제가 되며, 인기를 끌고 있는 것이 AI 코인이기 때문에 어느 정도의 비중을 두고 포트폴리오에 추가하는 것도 나쁘지 않을 것으로 보인다.

062 니어프로토콜(NEAR)

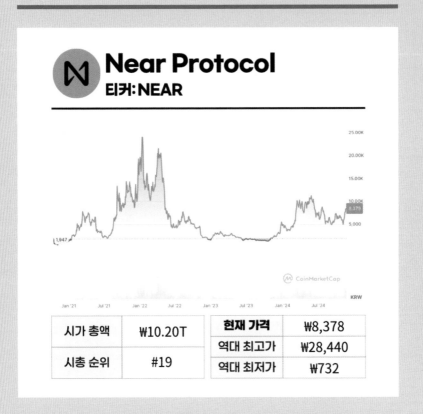

시가 총액	₩10.20T	현재 가격	₩8,378
시총 순위	#19	역대 최고가	₩28,440
		역대 최저가	₩732

니어프로토콜은 빠르고 사용하기 쉬운 블록체인으로, 특히 디앱 개발에 적합하도록 설계되었습니다. NEAR는 초보자도 쉽게 접근할 수 있는 간단한 인터페이스와 낮은 수수료를 제공합니다. 창립자들은 사용자가 복잡한 기술 없이도 블록체인의 혜택을 누릴 수 있도록 만들고자 했습니다. NEAR는 환경 친화적인 PoS**Proof of Stake** 방식을 채택하여 에너지 사용을 줄였으며, 스마트 계약과 디파이 애플리케이션에서 활발히 사용됩니다. 네트워크의 확장성과 안정성 덕분에 개발자와 사용자 모두에게 인기를 끌고 있습니다.

063 인터넷 컴퓨터(ICP)

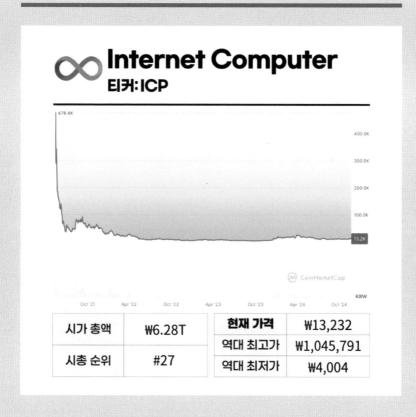

∞ **Internet Computer**
티커: ICP

시가 총액	₩6.28T	현재 가격	₩13,232
시총 순위	#27	역대 최고가	₩1,045,791
		역대 최저가	₩4,004

인터넷 컴퓨터는 인터넷의 확장성을 블록체인 기술로 결합한 혁신적인 프로젝트입니다. ICP는 기존 클라우드 컴퓨팅 기술을 대체하고, 블록체인 기반의 앱과 웹사이트를 구축할 수 있는 플랫폼을 제공합니다. 데이터 저장과 애플리케이션 운영 비용을 크게 줄이며, 빠르고 안전한 네트워크를 자랑합니다. 탈중앙화된 인터넷 환경을 목표로 하며, 사용자는 중앙 서버 없이 앱을 실행할 수 있습니다. 디앱**DApp** 개발자들에게 새로운 가능성을 제공하며, 웹3.0 생태계의 핵심 요소로 자리 잡고 있습니다.

064 렌더토큰(RENDER)

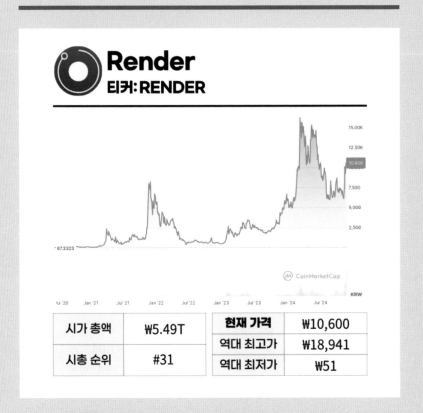

시가 총액	₩5.49T	현재 가격	₩10,600
		역대 최고가	₩18,941
시총 순위	#31	역대 최저가	₩51

렌더토큰은 디지털 아티스트와 크리에이터를 위한 분산형 GPU 렌더링 플랫폼입니다. RENDER 는 사용자들이 고성능 그래픽 작업을 저렴하고 빠르게 처리할 수 있도록 GPU 자원을 공유합니다. 이를 통해 3D 콘텐츠, 영화 제작, 게임 그래픽 같은 고성능 작업을 효율적으로 실행할 수 있습니다. RENDER는 디지털 예술과 블록체인의 결합으로 창작자들에게 새로운 가능성을 열어줍니다. 창작자와 기술 제공자 간의 상호작용을 강화하며, 창의적인 작업 환경을 혁신하고 있습니다.

065 비트텐서(TAO)

시가 총액	₩5.14T	현재 가격	₩696,592
시총 순위	#33	역대 최고가	₩1,069,401
		역대 최저가	₩42,349

비트텐서는 인공지능과 블록체인의 융합을 목표로 설계된 프로젝트로, AI 모델의 학습 데이터를 블록체인을 통해 공유합니다. TAO는 네트워크 내의 참여자들이 AI 데이터를 제공하고 이에 대한 보상을 받을 수 있도록 지원합니다. 이 시스템은 AI 연구를 탈중앙화하여 더 많은 사람들이 AI 기술 개발에 기여할 수 있도록 합니다. TAO는 인공지능과 블록체인 기술이 결합된 독창적인 생태계를 제공하며, 데이터 공유의 새로운 패러다임을 열고 있습니다.

066 페치에이아이(FET)

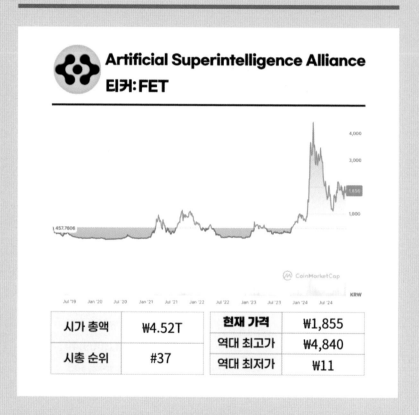

시가 총액	₩4.52T	현재 가격	₩1,855
시총 순위	#37	역대 최고가	₩4,840
		역대 최저가	₩11

페치에이아이는 자율적으로 작동하는 인공지능 에이전트를 블록체인에서 운영할 수 있는 플랫폼을 제공합니다. FET는 스마트 도시, 물류, 금융 등 다양한 산업에서 데이터를 분석하고 효율성을 높이는 데 활용됩니다. 네트워크 참여자는 데이터를 제공하거나, 이를 기반으로 서비스를 개발해 보상을 받을 수 있습니다. 페치에이아이는 디지털 경제의 자동화를 목표로 하며, AI와 블록체인 기술을 융합해 혁신적인 생태계를 구축하고 있습니다.

067 인젝티브 프로토콜(INJ)

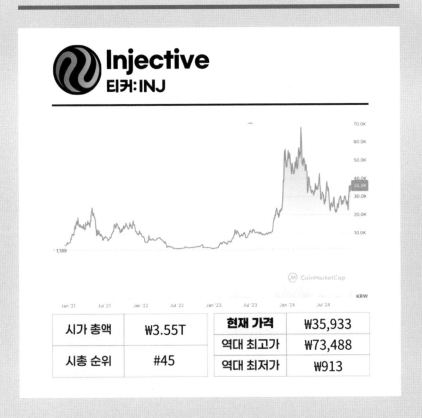

시가 총액	₩3.55T	현재 가격	₩35,933
시총 순위	#45	역대 최고가	₩73,488
		역대 최저가	₩913

인젝티브 프로토콜은 디파이와 탈중앙화 거래소DEX를 지원하는 혁신적인 블록체인 플랫폼입니다. INJ는 사용자들이 제한 없이 자산을 거래할 수 있도록 설계되었으며, 낮은 수수료와 빠른 거래를 제공합니다. 특히 파생상품과 옵션 거래 같은 고급 금융 상품을 지원하는 점이 특징입니다. INJ는 탈중앙화 금융 시장의 가능성을 확대하며, 사용자 친화적인 인터페이스와 안정적인 네트워크로 많은 주목을 받고 있습니다.

068 셀레스티아(TIA)

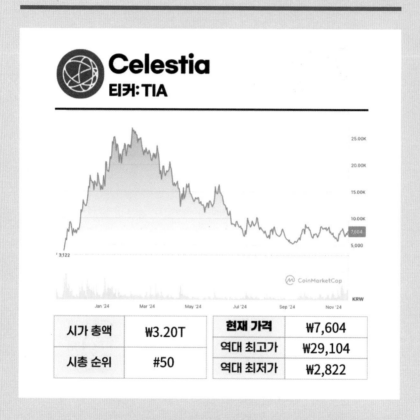

시가 총액	₩3.20T	현재 가격	₩7,604
시총 순위	#50	역대 최고가	₩29,104
		역대 최저가	₩2,822

셀레스티아는 상호운용성과 확장성을 갖춘 블록체인 플랫폼으로, 다양한 디앱DApp과 디지털 자산 거래를 지원합니다. TIA는 사용자가 블록체인 간 데이터를 쉽게 교환할 수 있도록 돕고, 낮은 수수료와 빠른 거래 속도를 제공합니다. 디파이, NFT, 게임 같은 다양한 애플리케이션에서 활용되며, 개발자들에게 유연한 환경을 제공합니다. 티아는 블록체인의 가능성을 확장하며, 사용자와 개발자 모두에게 강력한 플랫폼을 제공합니다.

069 　　　　　　　더그래프(GRT)

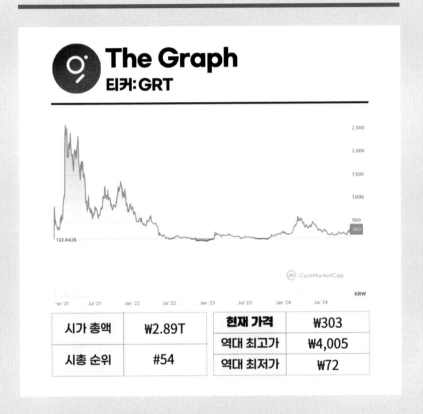

시가 총액	₩2.89T	현재 가격	₩303
시총 순위	#54	역대 최고가	₩4,005
		역대 최저가	₩72

더그래프는 블록체인 데이터를 효율적으로 검색하고 인덱싱할 수 있도록 설계된 프로토콜입니다. GRT는 데이터를 체계적으로 정리해 개발자들이 디앱DApp을 더 쉽게 만들 수 있도록 지원합니다. 디파이, NFT 등 다양한 블록체인 애플리케이션에서 데이터를 분석하고 제공하는 데 활용됩니다. 더그래프는 '블록체인의 구글'로 불리며, 블록체인 생태계에서 데이터를 활용하는 방식을 혁신하고 있습니다.

070   쎄타토큰(THETA)

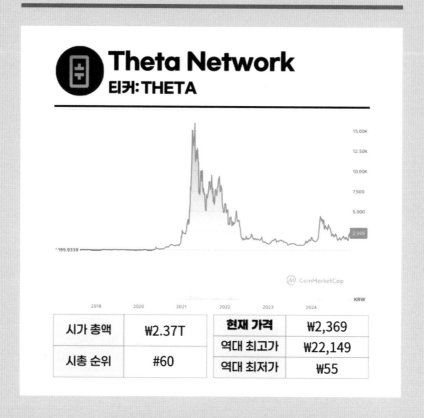

시가 총액	₩2.37T	현재 가격	₩2,369
시총 순위	#60	역대 최고가	₩22,149
		역대 최저가	₩55

쎄타토큰은 비디오 스트리밍과 콘텐츠 전송을 위한 블록체인 플랫폼으로, 창작자와 소비자를 직접 연결합니다. THETA는 탈중앙화된 네트워크를 통해 비디오 품질을 개선하고, 중개 수수료를 줄여 창작자들에게 더 많은 수익을 제공합니다. 사용자들은 네트워크에 참여해 보상을 받을 수 있으며, 콘텐츠를 더욱 효율적으로 공유할 수 있습니다. 쎄타는 스트리밍 업계를 혁신하며, 차세대 콘텐츠 플랫폼으로 주목받고 있습니다.

071 아카시 네트워크(AKT)

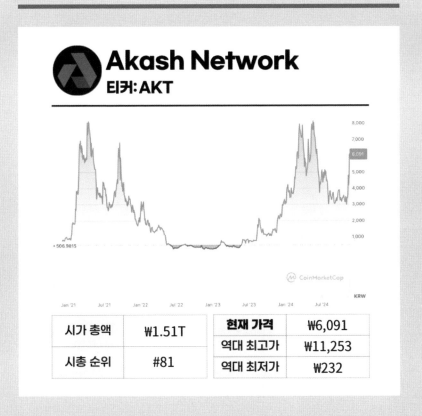

시가 총액	₩1.51T	현재 가격	₩6,091
시총 순위	#81	역대 최고가	₩11,253
		역대 최저가	₩232

아카시 네트워크는 클라우드 컴퓨팅을 분산화하기 위해 설계된 블록체인 플랫폼입니다. AKT는 사용자가 유휴 서버 자원을 네트워크에 공유해 보상을 받을 수 있도록 지원합니다. 이 시스템은 기존 클라우드 서비스보다 저렴하고 투명한 대안을 제공합니다. AKT는 디앱DApp, 데이터 분석, AI 훈련 등 다양한 산업에서 활용될 수 있습니다. 클라우드 컴퓨팅의 새로운 기준을 제시하며, 탈중앙화된 데이터 관리의 가능성을 확장하고 있습니다.

072 아이오즈 네트워크(AIOZ)

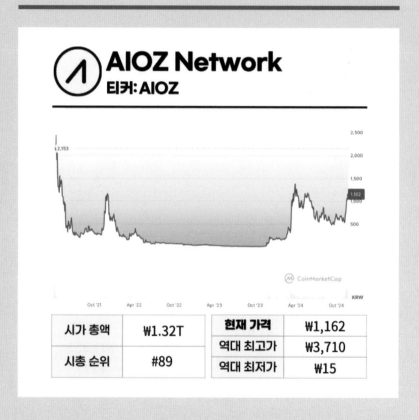

시가 총액	₩1.32T	현재 가격	₩1,162
시총 순위	#89	역대 최고가	₩3,710
		역대 최저가	₩15

아이오즈 네트워크는 분산형 콘텐츠 전송 네트워크CDN를 제공하는 블록체인 플랫폼입니다. AIOZ는 사용자들이 유휴 컴퓨팅 자원을 공유해 보상을 받을 수 있도록 지원하며, 콘텐츠 전송 속도와 품질을 크게 향상합니다. 네트워크 참여자는 동영상 스트리밍, 게임 콘텐츠 같은 디지털 자산을 효율적으로 전달할 수 있습니다. AIOZ는 탈중앙화된 미디어 생태계를 구축하며, 기존 콘텐츠 전송 방식을 혁신하고 있습니다.

073   로즈(ROSE)

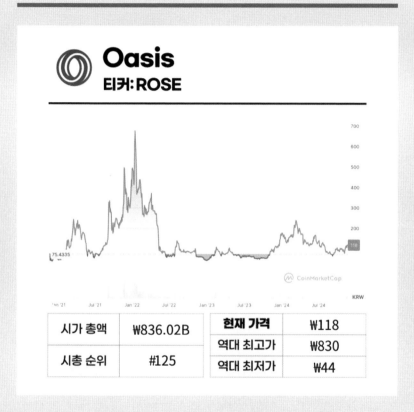

시가 총액	₩836.02B	현재 가격	₩118
		역대 최고가	₩830
시총 순위	#125	역대 최저가	₩44

로즈는 프라이버시와 보안을 강조하는 블록체인 플랫폼 오아시스 네트워크의 기본 토큰입니다. ROSE는 거래 데이터를 암호화해 사용자의 개인 정보를 보호하며, 디파이와 스마트 계약 애플리케이션에서 사용됩니다. 특히 기업들이 민감한 데이터를 안전하게 관리하고 활용할 수 있도록 설계되었습니다. ROSE는 프라이버시 중심의 블록체인으로, 디지털 자산의 보안과 개인 정보 보호를 혁신하고 있습니다.

RWA 코인

RWA란 'Real World Asset'의 약자로 우리말로 번역하면 '실물 자산'이다. 그리고 RWA 코인이란 이런 실물 자산을 기반으로 하여 발행된 코인 또는 그러한 기술적 서포트를 제공해 주는 코인을 얘기한다. RWA 코인은 AI와 마찬가지로 이번 사이클에서 급부상한 새로운 트렌드이다.

암호화폐는 기본적으로 디지털화된 자산이라고 할 수 있다. 금과 부동산 같은 기존의 자산들은 아날로그 세계에 존재하지만 암호화폐는 디지털 세계 안에서만 존재한다. 그리고 이러한 특성은 장점과 단점을 동시에 가지고 있다. 우선 장점으로는 디지털로 존재하기 때문에 지구 어디로든 순식간에 이동시킬 수 있으며, 파괴되거나 상할 염려가 없다.

또한 부피에 제한을 받지 않으며, 분할도 쉽다. 반면 단점으로는 추상적이라 이해하기가 어려우며, 눈에 보이고 손에 잡히는 실물이 없다는 점이 있다. 4차 산업혁명이 펼쳐지는 디지털 시대에 실물이 없다는 장점이 더 크다고 생각하지만, 현실에서는 여전히 아날로그를 더 좋아하는 사람들도 많다.

또한 RWA의 부상은 앞에서 얘기한 수많은 코인들의 먹튀에 대한 반감이기도 하다. 많은 코인들이 멋진 로드맵을 제시하고는 가치를 뻥튀기시킨 뒤 대량의 물량 떠넘기기를 통해 먹튀하고 사라지는 행태를 보여왔기 때문에 더 이상 가치가 보장되지 않는 약속을 믿지 않기로 한 투자자가 많아진 탓이다. 그럴 바엔 확실한 실물 기반 자산이 있는 코인을 믿기로 한 것이다. 최소한 그 실물 자산에 대한 가치는 보장이 될 테니까 말이다.

RWA 코인의 구현 방식과 장점

RWA 코인이 구현되는 방식은 기본적으로 실물 자산을 '토큰화'하는 과정으로 이뤄진다. 여기서 토큰이란 블록체인상에서 거래가 가능하게 만들어진 가치 단위를 뜻한다. 쉽게 말해 디지털 자산이라고 생각하면 된다. 그러니까 실물 자산의 토큰화란 아날로그 자산을 디지털 자산으로 이전하는 작업을 뜻하는 것이다.

예를 들어 만약 금을 토큰화한다고 해보자. 금 1온스의 가격이

3,000달러이고 그에 대해 1만 개의 토큰을 발행할 예정이다. 그럼 토큰을 발행하는 주체가 금 1온스를 매입하고 이것을 보관소에 보관해 둔 뒤 이에 대한 소유 권리증을 블록체인상에서 토큰으로 1만 개 발행한다. 그렇게 되면 이 금 토큰 1개의 가격은 금 1온스 가격 3,000달러의 1만 분의 1인 30센트가 될 것이다. 기본적으로 RWA 토큰은 이런 식으로 만들어진다고 보면 된다. 금이나 은과 같은 상품 외에도 부동산이나 채권 같은 자산도 RWA로 만들 수 있다. 사실상 존재하는 그 어떤 것도 토큰화하는 것이 가능한데, 그만큼 이점이 크기 때문이다.

일단 기존 자산 시장에 존재하는 여러 단점들을 토큰화로 해결할 수 있다. 대표적으로 유동성 문제가 있다. 부동산은 대체로 고가이기 때문에 적은 금액으로 투자가 불가능하다. 그런데 어떤 부동산 개발회사가 소유하고 있는 부동산의 권리를 쪼개어 토큰화한다면? 해당 부동산 가격의 1만 분의 1, 10만 분의 1의 금액만으로도 투자가 가능해진다. 또한 고가의 부동산은 거래가 쉽게 이뤄지지 않기 때문에 사고 싶을 때 사고, 팔고 싶을 때 파는 것이 불가능한데, 토큰화하게 되면 쉽게 사고 팔 수 있게 된다. 이것이 토큰화의 가장 대표적 장점이라 할 수 있겠다.

부동산 외에 미술품 같은 경우도 마찬가지다. 미술품 역시 쉽게 사고팔 수 있는 자산이 아니다. 또한 고가의 미술품은 여간해선 구매하기가 어렵다. 하지만 토큰화하게 되면 가능하다. 고가의 미술품이라 해도 토큰화하여 소유권을 쪼개면 적은 금액으로도 투자가 가능해지고, 경매 시장을 통하는 복잡한 절차 없이 언제 어디서나 쉽게 사고팔 수 있게 된다. 또한 사고파는 모든 기록이 블록체인상에 기록되기 때문에 투명성과 신뢰성 측면에서도 장점이 있다. 이처럼 RWA 코인은 기존 자산시장이 가진 여러 문제점들을 해결할 수 있다는 긍정적 측면이 있다.

블록체인의 핵심에 위배되는 RWA 코인

하지만 그렇다고 하여 단점이 없는 것은 아니다. 가장 대표적인 것이 실물 자산의 관리 문제이다. RWA 코인은 기본적으로 실물 자산에 대한 소유권을 분할하여 토큰화한 것이기 때문에 코인의 가치도 실물 자산에 기반을 두고 있다. 따라서 실물 자산이 훼손되거나 가치를 잃는다면 RWA 코인의 가치도 사라지게 되는 것이다. 예를 들어 토큰화된 부동산의 실물 부동산이 훼손된다면 해당 코인의 가치도 함께 훼손되는 식이다.

그 외에도 토큰을 발행하는 주체에 대한 신뢰도 중요하다. 금 100온스에 대한 RWA 코인을 발행했는데, 실제로 금 100온스를 보관하고 있는 게 아니라면? 투자자로부터 돈을 받은 만큼 실제로는 실물 자산을 가지고 있지 않을 가능성이 분명 존재한다. 또한 이렇게 신뢰와 관리가 필요한 지점에서 블록체인 기술의 가장 핵심적인 화두인 탈중앙성과 위배된다는 점도 논란의 여지가 있다.

블록체인은 기본적으로 분산 서버에 의해 기록되고 운영되는 탈중앙화된 시스템이다. 그리고 지금까지 이 산업이 커져 온 기본적인 내러티브 역시 탈중앙화이다. 그런데 RWA는 그 시작점부터 철저하게 중앙화된 특징을 가지고 있다. 중앙에 있는 관리자를 믿을 수 없다면 해당 코인 자체를 신뢰할 수 없게 되는 것이다.

이처럼 RWA 코인은 여러 장점과 단점을 동시에 가지고 있다. 다만 실물 자산의 디지털 토큰화는 아직까지 초기 단계인 자산의 형태이기 때문에 현재 단계에서 좋다, 나쁘다를 단언하기는 어렵다. 충분한 데이터와 거래 인프라 등이 확립되어 있지 않기 때문이다. 하지만 블록체인 기술이 앞으로 더 많이 발전하고 암호화폐가 더 많은 자산 시장에서 받아들여지게 되면, 결국 실물 자산을 토큰화하는 과정은 확대될 것으로 예상된다. 기존 자산의 소유주들 입장에서는 단점보다는 장점이 도드라지기 때문이다. 자산에 대한 소유권 관리나 실물 상태 관리 등은 투자자들이 걱정하고 확인해야 할 몫이지 토큰화하는 소유주 입장에서 걱정할 문제는 아니다.

반면, 실물 자산을 토큰화함으로써 유동성과 시장 접근성을 해결할 수 있기 때문에 소유주들은 더 많은 자산을 토큰화하려 할 것이다. 또한 이 산업이 커지면 커질수록 규제도 확립되어 갈 것이며 중개인들도 많아지게 될 것이다. 따라서 RWA 코인이라고 하는 새로운 자산 카테고리가 지금보다 더 발전해 나갈 것은 분명하다. 다만, 투자자 입장에서 토큰 발행인과 실물 자산 관리인에 대한 확인과 지속적인 점검 등과 같은 과제가 존재하기 때문에 이러한 리스크를 염두에 둔 상태로 투자에 임해야 한다.

074 　　　　　　　　　　　　체인링크(LINK)

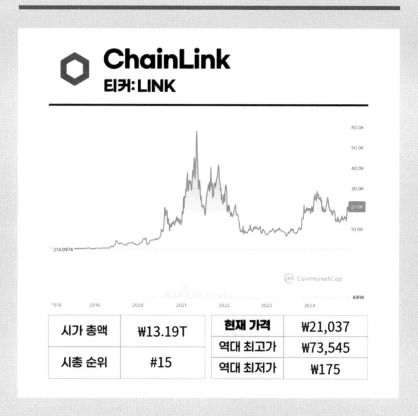

시가 총액	₩13.19T	현재 가격	₩21,037
시총 순위	#15	역대 최고가	₩73,545
		역대 최저가	₩175

체인링크는 블록체인 외부 데이터를 안전하게 스마트 계약으로 연결하는 오라클 네트워크입니다. LINK는 데이터를 제공하는 노드 운영자에게 보상을 지급하며, 금융 서비스, 보험, 게임 등 다양한 산업에서 활용됩니다. 체인링크는 특히 디파이 생태계에서 신뢰할 수 있는 데이터 소스로 자리 잡고 있으며, 블록체인의 실질적인 응용을 확장하는 데 중요한 역할을 하고 있습니다. 스마트 계약과 현실 세계를 연결하는 혁신적인 기술로 주목받고 있습니다.

075

만트라(OM)

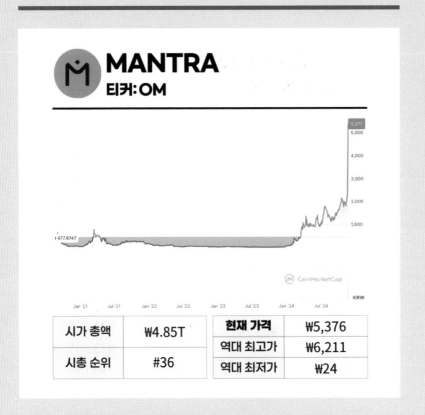

시가 총액	₩4.85T	현재 가격	₩5,376
		역대 최고가	₩6,211
시총 순위	#36	역대 최저가	₩24

만트라는 디파이와 거버넌스 중심의 플랫폼으로, 사용자들이 스테이킹, 대출, 보상 프로그램에 참여할 수 있는 환경을 제공합니다. OM은 사용자들이 네트워크를 운영하고 정책을 결정할 수 있도록 설계되었습니다. 탈중앙화 금융과 커뮤니티 주도 생태계를 결합한 만트라는 빠르게 성장하며 사용자들에게 다양한 기회를 제공합니다. 특히 스테이킹과 보상 시스템으로 사용자들에게 실질적인 혜택을 제공합니다.

076 비체인(VET)

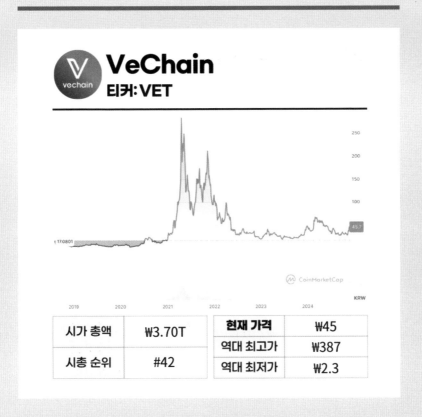

시가 총액	₩3.70T	현재 가격	₩45
		역대 최고가	₩387
시총 순위	#42	역대 최저가	₩2.3

비체인은 공급망 관리와 제품 추적을 위해 설계된 블록체인 플랫폼입니다. VET는 데이터를 블록체인에 저장해 투명성과 신뢰성을 제공합니다. 주요 산업에서 상품의 진위 여부를 확인하거나 물류 과정을 추적하는 데 활용됩니다. VET는 기업과 소비자 간의 신뢰를 강화하며, 디지털 경제의 새로운 패러다임을 제시합니다. 특히 대기업들과의 협력을 통해 비체인의 활용 사례가 빠르게 증가하고 있습니다.

077

온도 파이낸스(ONDO)

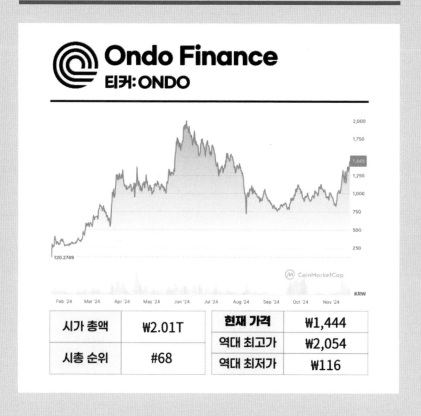

시가 총액	₩2.01T	현재 가격	₩1,444
시총 순위	#68	역대 최고가	₩2,054
		역대 최저가	₩116

온도 파이낸스는 디파이 생태계를 위한 유동성 제공 솔루션으로, 투자자들에게 안정적인 수익을 제공합니다. ONDO는 자산을 분리하여 고위험과 저위험 옵션을 동시에 제공하며, 디파이 투자자들에게 맞춤형 금융 상품을 제공합니다. 유동성 풀과 대출 시장에서 중요한 역할을 하며, 사용자가 자신의 투자 목표에 맞는 전략을 선택할 수 있도록 돕습니다. 안정성과 효율성을 강조하는 플랫폼입니다.

078 메이커(MKR)

시가 총액	₩1.85T	현재 가격	₩2,103,310
시총 순위	#70	역대 최고가	₩8,819,953
		역대 최저가	₩29,302

메이커는 탈중앙화 스테이블 코인 다이DAI를 지원하는 메이커다오 생태계의 핵심 토큰입니다. MKR 보유자는 거버넌스에 참여해 다이의 안정성을 유지하기 위한 정책을 결정할 수 있습니다. 메이커는 디파이 생태계의 중요한 요소로, 사용자들에게 안정적인 암호화폐 거래와 대출 서비스를 제공합니다. MKR은 다이의 안정성을 유지하면서 디지털 금융의 신뢰성을 강화하는 역할을 합니다.

079

퀀트(QNT)

시가 총액	₩1.47T	현재 가격	₩121,737
시총 순위	#83	역대 최고가	₩595,917
		역대 최저가	₩227

퀀트는 다양한 블록체인을 연결해 상호운용성을 제공하는 오버레저Overledger 플랫폼의 기본 토큰입니다. QNT는 블록체인 간 데이터 전송을 간소화하며, 디지털 금융과 기업 응용 프로그램을 연결합니다. 특히 은행, 보험, 의료 같은 기존 산업과의 통합을 강조하며, 기업들이 블록체인 기술을 채택하는 데 필요한 기술적 허들을 낮춥니다. 상호운용성을 기반으로 한 실용적인 블록체인 솔루션으로 주목받고 있습니다.

080 테더골드(XAUT)

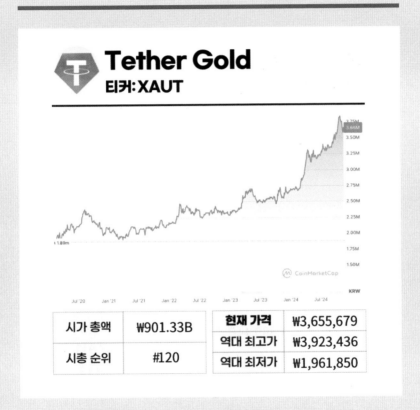

시가 총액	₩901.33B	현재 가격	₩3,655,679
시총 순위	#120	역대 최고가	₩3,923,436
		역대 최저가	₩1,961,850

테더골드는 금 가격에 고정된 스테이블 코인으로, 1XAUT는 1온스의 금을 나타냅니다. XAUT는 사용자가 디지털 방식으로 금을 보유하고 거래할 수 있도록 설계되었습니다. 전통적인 금 보관 방식보다 유연하고 접근성이 높으며, 암호화폐와 금의 장점을 결합한 금융 상품입니다. 금과 암호화폐를 연결하며 안정성과 유동성을 제공하는 대표적인 자산 기반 토큰입니다.

081

아이오타(IOTA)

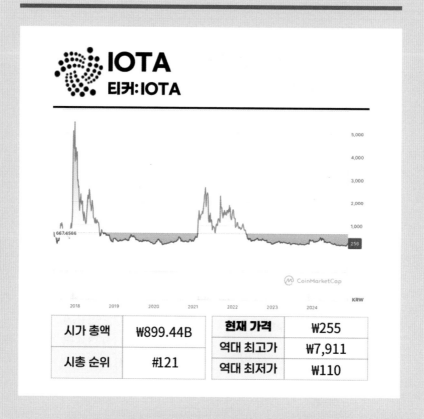

시가 총액	₩899.44B	현재 가격	₩255
시총 순위	#121	역대 최고가	₩7,911
		역대 최저가	₩110

아이오타는 사물인터넷IoT 디바이스 간의 데이터와 자산 거래를 지원하는 블록체인 플랫폼입니다. IOTA는 기존 블록체인과 달리 DAGDirected Acyclic Graph 구조를 사용해 수수료 없이 거래를 처리합니다. 이는 소규모 데이터 거래와 미세 결제에 특히 적합하며, IoT 생태계에서 중요한 역할을 합니다. 빠르고 효율적인 거래를 제공하며, 디지털 경제와 물리적 세계를 연결하는 핵심 기술로 주목받고 있습니다.

082 신세틱스(SNX)

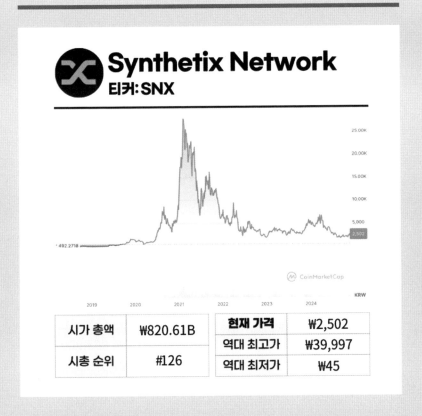

시가 총액	₩820.61B	현재 가격	₩2,502
시총 순위	#126	역대 최고가	₩39,997
		역대 최저가	₩45

신세틱스는 탈중앙화된 파생상품 플랫폼으로, 암호화폐를 기반으로 한 금융 상품을 제공합니다. SNX는 네트워크의 유동성 제공과 보상 시스템에 사용되며, 사용자들이 다양한 자산을 기반으로 디지털 자산을 생성할 수 있도록 합니다. 디파이 생태계에서 혁신적인 금융 상품을 통해 새로운 투자 기회를 제공하며, 파생상품 시장을 블록체인 기술로 확장합니다. 다양한 자산을 디지털화해 금융의 경계를 넓히고 있습니다.

083 팩소스골드(PAXG)

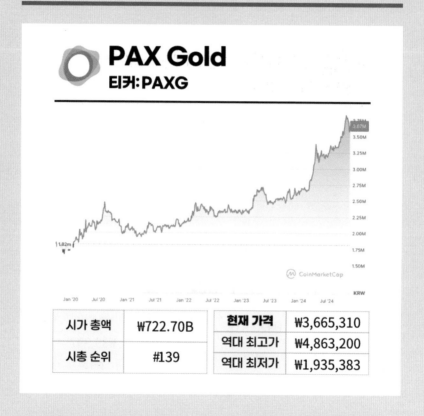

시가 총액	₩722.70B	현재 가격	₩3,665,310
시총 순위	#139	역대 최고가	₩4,863,200
		역대 최저가	₩1,935,383

팩소스골드는 금 가격에 연동된 스테이블 코인으로, 사용자가 금을 디지털 자산으로 소유할 수 있도록 지원합니다. 1PAXG는 1온스의 금을 나타내며, 금 보유에 따른 복잡한 절차를 줄이고 거래를 간소화합니다. 사용자는 블록체인을 통해 금의 소유권을 추적할 수 있으며, 안정적인 가치 저장 수단으로 활용됩니다. 디지털 방식으로 금에 투자할 수 있는 혁신적인 방법을 제공합니다.

084 폴리매스(POLYX)

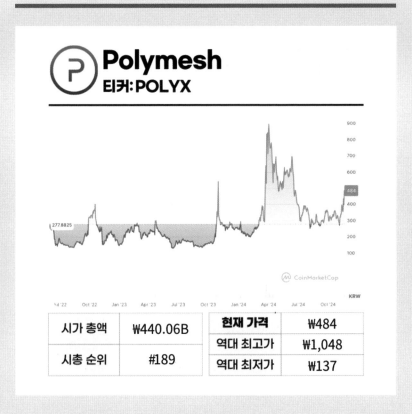

시가 총액	₩440.06B	현재 가격	₩484
시총 순위	#189	역대 최고가	₩1,048
		역대 최저가	₩137

폴리매스는 증권형 토큰Security Token 발행을 지원하는 블록체인 플랫폼으로, 기업이 블록체인 기술을 통해 자본을 조달할 수 있도록 돕습니다. POLYX는 증권 토큰의 발행과 관리, 거래에 사용되며, 규제 준수를 강조합니다. 기존 금융 시장과 블록체인의 결합을 통해 디지털 금융의 신뢰성과 효율성을 높입니다. 폴리매스는 금융 산업에서 블록체인의 활용 가능성을 확장하는 데 중요한 역할을 합니다.

085 크레딧코인(CTC)

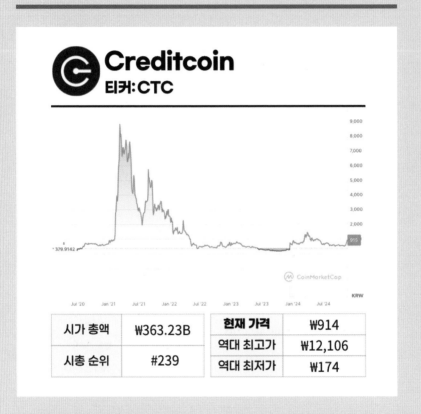

시가 총액	₩363.23B	현재 가격	₩914
시총 순위	#239	역대 최고가	₩12,106
		역대 최저가	₩174

크레딧코인은 탈중앙화된 대출 네트워크로, 사용자들이 중개자 없이 자금을 빌리거나 대출할 수 있도록 지원합니다. CTC는 대출 기록을 블록체인에 저장해 투명성과 신뢰성을 제공합니다. 특히 금융 서비스가 제한된 지역에서 개인과 기업들이 신용을 쌓고 자금을 조달할 수 있는 기회를 제공합니다. 대출과 차입 간의 연결을 강화하며, 디지털 금융의 포용성을 확대합니다.

086

비트스택토큰(BST)

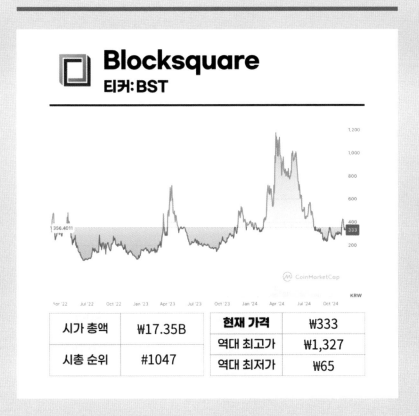

시가 총액	₩17.35B	**현재 가격**	₩333
		역대 최고가	₩1,327
시총 순위	#1047	역대 최저가	₩65

비트스택토큰은 블록체인 생태계에서 사용자를 위한 유틸리티와 보상을 제공하는 암호화폐입니다. BST는 주로 디앱**DApp** 개발과 커뮤니티 이벤트에서 사용되며, 네트워크 참여자들에게 보상을 지급합니다. 사용자는 다양한 애플리케이션과 디지털 자산 거래에서 BST를 활용할 수 있습니다. 커뮤니티 중심의 생태계를 구축하며, 블록체인의 실질적인 활용을 확대하는 데 기여하고 있습니다.

디파이 코인

디파이DeFi란 탈중앙화된 금융을 뜻하는 'Denetralized Finance'의 약어로, 블록체인 기술을 기반으로 하여 중앙 통제 기관이나 제3의 중개자 없이 금융 서비스를 제공하는 시스템 전반을 뜻하는 용어이다. 주로 이더리움 이후 등장한 스마트 계약 기능을 이용해, 전통 금융에서 제공하는 대부분의 서비스(예금, 대출, 보험)를 제공할 수 있다.

디파이에 대해 이해하기 위해선 필수적으로 스마트 계약에 대해 알아야 한다. 스마트 계약, 즉 스마트 콘트랙트는 블록체인 기술을 이용한 자동화된 계약으로 특정 조건을 충족할 시 사전에 설정된 계약이 자동으로 실행되는 프로그램을 뜻한다. 예를 들어 스마트 계약을 이용해 디파이 서비스에 코인을 예치하면, 사전에 설정된 조건에 따라 자동으로 이자가 지급된다. 만약 예치한 코인을 이용해서 대출을 받는다면, 대출 원금을 상환할 때까지 사전에 설정된 조건에 따라 이자가 원금에 추가된다. 만약 코인 가격이 하락하여 담보를 유지하지 못할 시 미리 설정된 조건으로 자동 청산된다.

이 모든 과정이 중앙 기관이나 중개자 없이 오직 사전 설정된 조건에 따라 자동으로 진행된다는 것이 스마트 계약의 특징이다. 스마트 계약은 중개자가 필요 없기 때문에 중개 비용을 아낄 수 있고, 중개자의 부정 행위를 방지할 수 있다는 장점이 있다. 반면 사전 설정된 코드에 오류가 있을 경우 피해가 발생할 수 있는데, 중개자가 없기 때문에 피해 구제가 어려울 수 있다는 단점도 존재한다. 중개자가 없는 만큼 계약 당사자 간의 책임도 중요해지는 것이다.

3차 사이클의 트렌드를 주도했던 디파이

지난 사이클에서 디파이는 블록체인 기술의 발전과 함께 본격적으로 핵심 테마로 부상했고, '미래의 금융'이라는 수식어와 함께 수많은 투자자들의 마음을 훔쳤다. 인기에 편승하여 셀 수 없이 많은 디파이 플랫폼들이 출범했고, 이 플랫폼이 발행한 일명 '디파이 코인'들이 대인기를 끌었다. 디파이 코인은 기본적으로 어떤 사용성도 없지만 해당 디파이 플랫폼의 정책을 결정하는 '거버넌스'의 역할을 한다는 점을 내세워 인기 몰이를 했다. 그러니까 기업의 주식을 많이 가지고 있으면 대주주가

되어 기업 정책에 영향을 미칠 수 있는 것처럼, 해당 디파이 플랫폼의 코인을 많이 가지고 있으면 비슷한 권한을 얻을 수 있다는 식이다.

하지만 이런 주장은 빛 좋은 개살구에 불과했으며, 대다수의 코인을 초기 프로젝트 발행인들(내부자)이 가지고 있었기 때문에 결국 모든 정책은 코인을 만든 내부자들이 모두 가지고 운영되는 것이 실상이었다. 결과적으로 기술을 내세운 다른 과대 광고 코인들과 마찬가지로 멋진 수식어를 통해 투자자들을 유인했지만 대부분 마케팅에 불과했다는 사실이 드러났다. 비트코인 사이클이 끝나고 시장 전체가 약세장에 들어가자 수많은 프로젝트들이 붕괴했으며, 코인 가치의 99%를 상실했다. 대부분의 코인들은 거의 4년이 지난 현재까지도 그 가치를 제대로 회복하지 못하고 있다. 디파이도 결국 마케팅 용어이자, 과대 광고의 수단으로 활용되었던 것이다.

발전 가능성이 있는 디파이 코인 분야

하지만 모든 디파이 프로젝트가 사기는 아니었다. 일부 디파이 플랫폼은 사이클이 한 바퀴 모두 돌아간 지금까지도 여전히 살아남아 있으며, 꾸준히 이용되는 플랫폼도 존재한다. 이런 플랫폼 중 일부는 해당 디파이 서비스를 이용할 때 발생하는 수수료 중 일정 비율을 자신들이 발행한 코인을 소각하는 데 사용하기도 한다. 이미 존재하는 코인을 소각하게 되면 남은 코인의 가치가 상승하기 때문에 결과적으로 코인을 보유하고 있는 투자자들에게 유리함을 제공하게 된다. 플랫폼 수익의 일부를 투자자에게 환원하는 것이다. 이처럼 디파이 프로젝트는 블록체인 기술이 지금보다 실생활에 더 밀접하게 이용될 미래를 생각하면 여전히 발전 가능성이 있다. 동시에 기술과 추진력을 가지고 있고, 투자자들에게 이익을 환원할 수 있는 도덕성을 가진 디파이 플랫폼의 코인들의 경우, 앞으로 가격이 크게 상승할 수 있는 여지가 존재하는 섹터라고 얘기할 수 있겠다.

087 유니스왑(UNI)

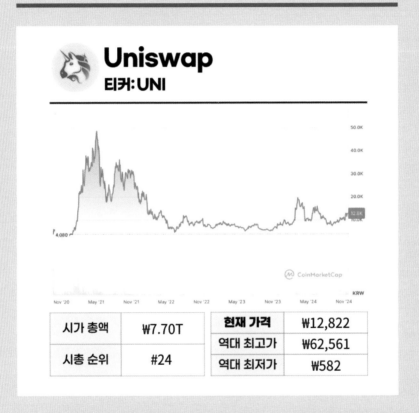

시가 총액	₩7.70T	현재 가격	₩12,822
		역대 최고가	₩62,561
시총 순위	#24	역대 최저가	₩582

유니스왑은 이더리움 기반의 탈중앙화 거래소(DEX)로, 사용자가 중개자 없이 암호화폐를 교환할 수 있는 플랫폼입니다. UNI는 거래 수수료 지불과 거버넌스 참여에 사용되며, 유니스왑 생태계의 발전 방향을 결정하는 데 중요한 역할을 합니다. 이 플랫폼은 누구나 유동성을 제공해 보상을 받을 수 있는 구조로 설계되었습니다. 디파이 생태계에서 가장 널리 사용되는 DEX로 자리 잡았으며, 사용 편의성과 투명성을 강조합니다.

088

다이(DAI)

시가 총액	₩7.48T	현재 가격	₩1,393
시총 순위	#25	역대 최고가	₩5,111
		역대 최저가	₩1,249

다이는 탈중앙화된 스테이블 코인으로, 1DAI의 가치는 항상 1달러에 고정되도록 설계되었습니다. 메이커다오MakerDAO라는 디파이 플랫폼에서 운영되며, 암호화폐 담보를 통해 발행됩니다. 다이는 중앙 기관 없이도 안정적인 디지털 화폐를 제공하며, 사용자는 이더리움 기반의 스마트 계약을 활용해 다이를 발행하거나 교환할 수 있습니다. 특히 디파이 대출, 거래, 결제 같은 다양한 금융 애플리케이션에서 널리 사용됩니다. 다이는 탈중앙화와 안정성을 결합해 암호화폐 시장에서 가장 신뢰받는 스테이블 코인 중 하나로 자리 잡았습니다.

089 　　　　　　　　　　　　　스택스(STX)

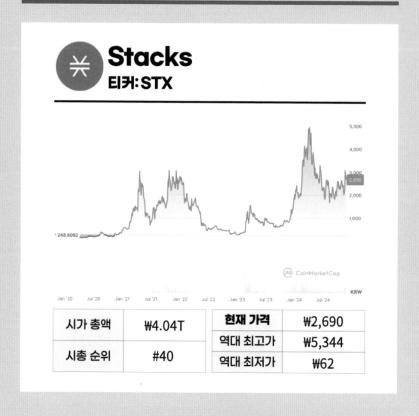

시가 총액	₩4.04T	현재 가격	₩2,690
		역대 최고가	₩5,344
시총 순위	#40	역대 최저가	₩62

스택스는 비트코인 네트워크에 스마트 계약과 디앱**DApp**을 추가할 수 있는 블록체인 플랫폼입니다. STX는 비트코인의 보안성을 활용하면서도 확장성을 제공하여, 디파이와 NFT 같은 다양한 애플리케이션을 지원합니다. STX는 거래 수수료와 스테이킹에 사용되며, 비트코인의 새로운 가능성을 열어주는 역할을 합니다. 비트코인을 기반으로 한 탈중앙화 애플리케이션 생태계를 활성화하는 핵심 코인으로 주목받고 있습니다.

090 에이브(AAVE)

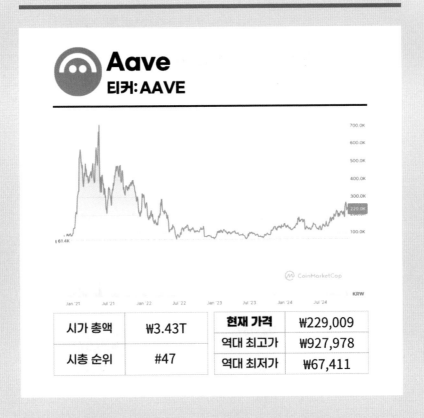

시가 총액	₩3.43T	현재 가격	₩229,009
시총 순위	#47	역대 최고가	₩927,978
		역대 최저가	₩67,411

에이브는 디파이 대출 플랫폼으로, 사용자들이 암호화폐를 대출하거나 예치하여 이자를 받을 수 있도록 합니다. AAVE는 플랫폼의 네트워크 운영, 수수료 지불, 거버넌스 참여에 사용됩니다. 사용자는 자신의 자산을 담보로 대출을 받을 수 있으며, 자산 관리가 간편하게 이루어집니다. 에이브는 디파이 대출 시장의 선두주자로, 안전하고 효율적인 금융 생태계를 구축하고 있습니다.

091 토르체인(RUNE)

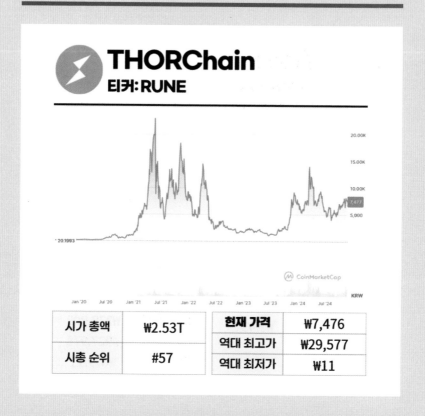

시가 총액	₩2.53T	현재 가격	₩7,476
시총 순위	#57	역대 최고가	₩29,577
		역대 최저가	₩11

토르체인은 블록체인 간 자산을 교환할 수 있는 탈중앙화 거래소로, 여러 네트워크를 연결하는 역할을 합니다. RUNE은 유동성 제공자에게 보상을 지급하고, 거래 수수료를 지불하는 데 사용됩니다. 이 플랫폼은 비트코인, 이더리움, 바이낸스체인 등 다양한 블록체인을 연결하여 상호운용성을 제공합니다. RUNE은 다중체인 생태계의 핵심으로, 크로스체인 자산 거래를 혁신하고 있습니다.

092 레이디움(RAY)

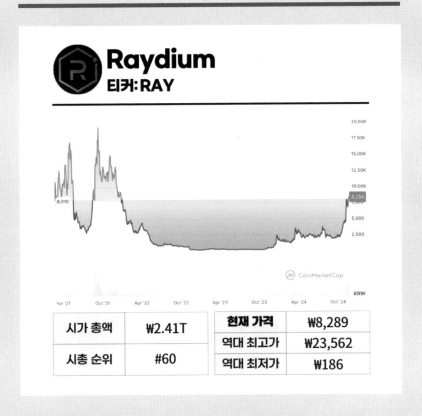

시가 총액	₩2.41T	현재 가격	₩8,289
		역대 최고가	₩23,562
시총 순위	#60	역대 최저가	₩186

레이디움은 솔라나**SOL** 기반의 탈중앙화 거래소**DEX**로, 빠른 거래 속도와 낮은 수수료를 제공합니다. RAY는 유동성 제공자에게 보상을 지급하고, 거래 수수료 지불과 스테이킹에 사용됩니다. 레이디움은 솔라나 생태계의 디파이 애플리케이션과 연결되어, 사용자가 더 다양한 서비스에 접근할 수 있도록 지원합니다. 고성능 블록체인 환경에서 뛰어난 효율성을 자랑합니다.

093
주피터(JUP)

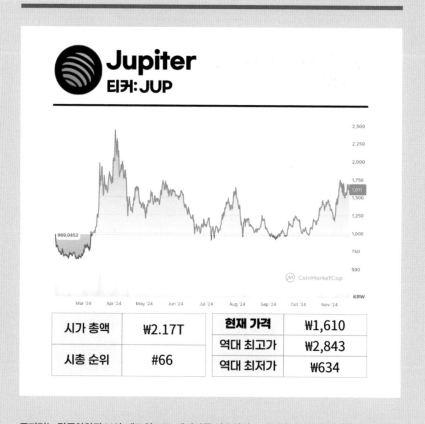

시가 총액	₩2.17T	현재 가격	₩1,610
		역대 최고가	₩2,843
시총 순위	#66	역대 최저가	₩634

주피터는 탈중앙화된 보안 네트워크로, 데이터를 암호화하고 안전하게 공유할 수 있는 플랫폼입니다. JUP는 민감한 데이터 보호와 개인 정보 보안을 중점으로 설계되었으며, 사용자는 네트워크에서 데이터를 저장하거나 관리할 수 있습니다. 주피터는 기업과 개인이 신뢰할 수 있는 데이터 관리 솔루션을 제공하며, 보안 중심의 블록체인 생태계를 구축하고 있습니다.

094 　　　　　 리도 다오(LDO)

시가 총액	₩1.51T	현재 가격	₩1,686
시총 순위	#79	역대 최고가	₩25,910
		역대 최저가	₩565

리도 다오는 스테이킹 서비스를 제공하는 플랫폼으로, 사용자가 자산을 유동적으로 스테이킹할 수 있도록 돕습니다. LDO는 스테이킹 보상과 플랫폼 운영에 사용되며, 특히 이더리움 2.0의 스테이킹에 중요한 역할을 합니다. 리도는 사용자가 자산을 잠그지 않고도 유동성을 유지할 수 있는 솔루션을 제공하며, 디파이와 연계된 다양한 사용 사례를 제공합니다. 스테이킹의 접근성을 높인 혁신적인 플랫폼으로 주목받고 있습니다.

095 멀티버스엑스(EGLD)

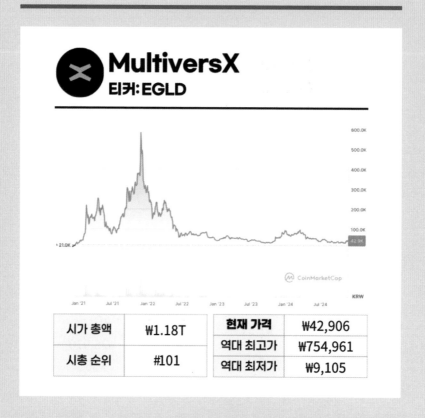

시가 총액	₩1.18T	현재 가격	₩42,906
시총 순위	#101	역대 최고가	₩754,961
		역대 최저가	₩9,105

멀티버스엑스는 샤딩 기술을 통해 초당 수만 건의 거래를 처리할 수 있는 확장성을 갖춘 블록체인입니다. EGLD는 네트워크 운영, 거래 수수료, 스테이킹에 사용되며, 디파이와 NFT 같은 다양한 애플리케이션에서 활용됩니다. 빠른 처리 속도와 낮은 수수료로 사용자들에게 편리한 환경을 제공합니다. 특히 유럽 중심으로 생태계를 확장하며, 차세대 블록체인 솔루션으로 주목받고 있습니다.

096 콘플럭스(CFX)

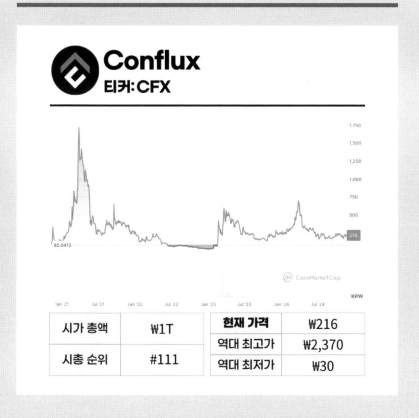

시가 총액	₩1T	현재 가격	₩216
		역대 최고가	₩2,370
시총 순위	#111	역대 최저가	₩30

콘플럭스는 중국 기반의 블록체인으로, 고속 거래 처리와 확장성을 제공합니다. CFX는 네트워크 운영, 스테이킹, 거래 수수료 지불에 사용되며, 디파이와 NFT 생태계에서 다양한 애플리케이션을 지원합니다. 특히 중국 정부의 규제를 준수하며, 블록체인의 상용화를 위한 노력을 지속하고 있습니다. 고성능과 효율성을 갖춘 블록체인으로 글로벌 시장에서 주목받고 있습니다.

097

너보스 네트워크(CKB)

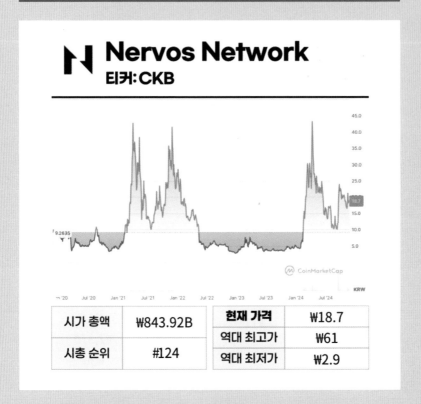

시가 총액	₩843.92B	현재 가격	₩18.7
		역대 최고가	₩61
시총 순위	#124	역대 최저가	₩2.9

너보스 네트워크는 상호운용성을 갖춘 멀티 자산 블록체인으로, 다양한 자산을 저장하고 거래할 수 있는 플랫폼을 제공합니다. CKB는 네트워크 운영, 스테이킹, 수수료 지불에 사용되며, 디파이와 NFT 같은 애플리케이션에서 활용됩니다. 확장성과 보안성을 동시에 제공하며, 여러 블록체인 간 데이터와 자산을 연결하는 데 중점을 두고 있습니다.

098 팬케이크스왑 (CAKE)

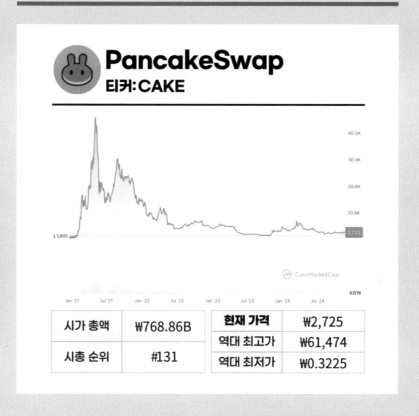

시가 총액	₩768.86B	현재 가격	₩2,725
		역대 최고가	₩61,474
시총 순위	#131	역대 최저가	₩0.3225

팬케이크스왑은 바이낸스 스마트 체인BSC 기반의 탈중앙화 거래소로, 빠르고 저렴한 거래를 제공합니다. CAKE는 유동성 제공자 보상, 스테이킹, 거래 수수료 지불에 사용됩니다. 디파이 애플리케이션과 NFT 거래소에서도 활용되며, 사용자 친화적인 인터페이스로 많은 인기를 끌고 있습니다. 팬케이크스왑은 바이낸스 생태계의 대표적인 디파이 플랫폼으로 자리 잡았습니다.

099

카바(KAVA)

시가 총액	₩723.16B	현재 가격	₩667
시총 순위	#137	역대 최고가	₩12,790
		역대 최저가	₩345

카바는 디파이 애플리케이션과 크로스체인 자산 관리를 지원하는 블록체인 플랫폼입니다. KAVA 는 스테이킹, 수수료 지불, 네트워크 운영에 사용되며, 사용자가 다양한 암호화폐를 담보로 대출을 받을 수 있는 기능을 제공합니다. 특히 다중 체인을 지원해 여러 블록체인을 연결하는 생태계를 구축하고 있습니다. 안전성과 확장성을 겸비한 디파이 플랫폼으로 주목받고 있습니다.

100 쎄타퓨얼(TFUEL)

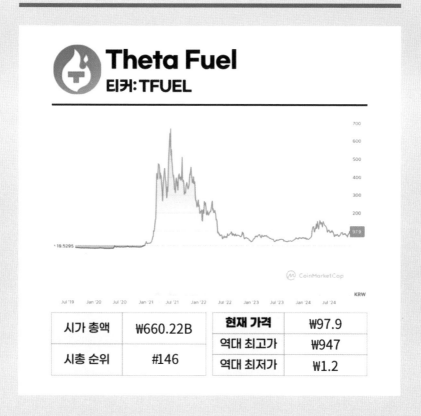

시가 총액	₩660.22B	현재 가격	₩97.9
		역대 최고가	₩947
시총 순위	#146	역대 최저가	₩1.2

쎄타퓨얼은 쎄타 네트워크의 연료 역할을 하는 코인으로, 콘텐츠 전송과 네트워크 운영에 사용됩니다. TFUEL은 비디오 스트리밍 중계, 스마트 계약 실행, 거래 수수료 지불에 활용됩니다. 쎄타 네트워크는 탈중앙화된 콘텐츠 전송 네트워크로, 창작자와 사용자 간의 직접적인 연결을 강화합니다. TFUEL은 콘텐츠 생태계의 효율성을 높이고, 사용자가 네트워크에 기여해 보상을 받을 수 있는 구조를 제공합니다.

메타버스 코인

    메타버스는 페이스북이 사명을 '메타META'로 변경하면서 주목을 끌기 시작한 기술이다. 특히 코로나19는 메타버스 기술에 대한 관심이 더 커지는 계기가 되었다. 재택 근무가 일상화되었고 오프라인 접촉을 꺼리게 되면서 온라인을 통한 관계의 수단이 되는 메타버스가 화두로 떠오른 것이다. 신문과 뉴스에서도 메타버스가 가장 트렌디한 주제였고, 서점에서도 메타버스를 주제로 한 서적이 한 달에 몇 권씩 발행되곤 했다. 마치 전 인류가 조만간 오프라인 세상을 떠나 온라인 세상으로 넘어갈 것 같은 기세였다.

아직은 먼 미래인 메타버스 세계

하지만 수년이 지난 지금은 어떨까? 우선 사람들의 관심이 크게 줄어들었다. 코로나19의 영향이 사라지면서 사람들의 온라인 체류 시간이 크게 줄어들었고 오프라인을 통한 관계성이 회복되기 시작했다. 동시에 제대로 된 메타버스를 실현하기엔 현 시대의 기술이 많이 부족하다는 걸 깨달은 점도 중요하게 작용했다. 메타버스가 제대로 실현되기 위해선 모바일 기기를 포함한 대부분의 랩톱, 스마트 패드, 스마트폰에서 작동이 돼야 하는데, 그러기 위해선 필요 컴퓨터 사양을 대폭 낮출 수밖에 없었다. 그러다 보니 그래픽 수준이 매우 조잡했고, 도저히 현실을 대체할 만한 수준으로 여겨지지 않았다. 또한 온라인을 통해 오프라인의 경험을 대체하기 위해서는 현실감이 중요한데, 이런 현실감을 주기 위한 VR 기기 등의 수준도 많이 부족한 상황이었다. 아직 대부분의 VR 기기가 고가였으며, 사양도 그리 뛰어나지 못해 현실감 있는 그래픽을 표현하는 데 한계가 있었다. 게다가 기기 자체가 크고 무거워서 30분만 착용하고 있어도 심한 불편감을 느끼는 등 도저히 사람들이 일상에서 편하게 사용할 수 있는 수준이 아니었다.

결과적으로 메타버스라는 기술은 언젠가 일상적인 기술이 될 수 있지만 아직은 너무 이른 미래의 기술로 판명이 되었다. 그리고 이런 메타버스에 대한 관심도의 상승과 하락이 암호화폐 시장에서도 그대로 재현되었다.

다수의 메타버스 플랫폼이 등장하여 머지않은 미래에 수 많은 사람

■ 메타버스 블록체인 플랫폼 중 가장 크게 주목을 받았던 디센트럴랜드

들이 해당 서비스를 이용할 것처럼 광고를 했지만 실상은 3~4년이 지난 현재까지도 제대로 된 서비스조차 이뤄지지 않고 있다. 지난 사이클에서 메타버스 프로젝트 중 가장 인기를 끌었던 디센트럴랜드와 샌드박스는 몇 년이 지난 현재까지도 베타 서비스 중이며, 정식 출시를 하지 못할 정도로 개발이 더딘 상황이다. 위에 제시된 사진은 메타버스 블록체인 플랫폼 중 가장 크게 주목을 받았던 디센트럴랜드decentraland의 실제 구동 장면이다. 그래픽은 웬만한 모바일 게임 수준이다.

문제는 이 프로젝트들이 과대 광고와 미래에 대한 비전을 내세우면서 이미 코인과 NFT들을 대량으로 판매해 왔다는 점이다. 이 외에도 상당수의 메타버스 혹은 블록체인 게이밍을 내세운 프로젝트들이 제대로 된 서비스도, 그것을 실현해 낼 능력도 없으면서 과대 광고를 통

해 투기심을 조장하여 자신들이 발행한 코인과 NFT로 돈만 챙겼다는 의혹을 받고 있다. 결과적으로 다른 알트코인 프로젝트들과 마찬가지로 투자자들의 신뢰를 잃게 만든 주범 중 하나가 되었다.

게임의 본질인 즐거움을 챙기지 못했던 블록체인 게이밍

블록체인에서 메타버스를 얘기할 때 또 하나 빼놓을 수 없는 분야가 블록체인 게이밍이다. 블록체인 게이밍은 게임을 하면서 돈을 번다는 '플레이 투 언P2E, Play to Earn' 문화와 함께 큰 인기를 끌었던 분야다. 대체로 NFT로 된 캐릭터나 아이템을 구매하여 게임을 하면 코인을 받을 수 있고, 이 코인을 현금처럼 암호화폐 거래소에서 사고팔 수 있는 구조로 되어 있다. 또한 게임에서 받은 코인을 팔지 않고 재투자하여 자신의 캐릭터나 아이템을 강화시킬 수 있고, 그렇게 하면 더 많은 코인을 벌 수 있는 시스템도 존재한다. 투자자들이 코인을 벌자마자 팔지 않고 게임에 재투자하게 만드는 구조이다.

하지만 그렇게 해봐야 결국 더 많은 코인을 벌게 되는 구조가 되는데, 결과적으로 게임 전체에서 나오는 코인의 양은 시간이 지날수록 불어나게 된다. 신규 유저가 새롭게 유입되는 게임 발매 초기에는 어찌어찌 생태계가 유지되지만, 신규 유입이 줄어드는 시점부터 코인의 가치를 유지할 수 없게 된다. 그리고 이 시점부터 코인 가격이 폭락하는데, 애당초 게임을 즐기는 목적 자체가 코인 벌이였기 때문에 결국 게임의 수명도 끝나는 패턴으로 귀착된다. 99.9%의 블록체인 게이밍의 말로는 모두 이 패턴으로 끝이 났다. 또한 메타버스 트렌드에 편승하고자 급조된 게임들이 대분이어서, 게임 자체의 전반적인 수준은 10년 전 모바일 게임에도 미치지 못했던 점도 문제다. 게임의 수명이 유지되려면 게임 자체가 즐거워야 하는데 10년된 모바일 게임만도 못한 게임을 오직 코인을 벌려는 목적만으로 플레이하게 되니 코인 가격이 떨어지는 순간부터 유저가 급격하게 빠져나가게 되는 것이다.

이처럼 메타버스와 블록체인 게이밍은 급부상하는 트렌드와 맞물려 큰 인기를 끌었지만, 그 인기를 이용하여 돈만 챙긴후 제대로 된 서비스는 제공하지 않은 부도덕하고 무책임한 프로젝트 운영진들에 의해 무참한 최후를 맞이했다. 투자자들은 그 과정을 모두 지켜보았고, 신뢰는 사라졌다.

거대해진 게임 산업의 가능성

메타버스와 블록체인 게이밍을 함께 묶어서 설명하는 이유는 이 두 가지 테마가 블록체인 기술 위에서 함께 버무려져 있기 때문이다. 메타버스 혹은 게이밍 세계에서 사용하기 위한 NFT(캐릭터, 아이템 등)가 필요하고, 그 세계 안에서 활동하면서 코인을 벌게 된다. 그리고 그 코인을 판매하여 현실 세계에서 수익을 얻을 수 있는 구조가 기본 보상 체계이기 때문이다. 결과적으로 블록체인 게이밍은 메타버스의 일부분에 해당한다고 볼 수 있다. 메타버스가 현실 세계의 온라인 대체판이라고 한다면 블록체인 게이밍은 그중 가장 즐거운 부분인 '놀이'에 해당하는 부분만을 떼어내어 제공하는 것이다. 하지만 기존 게임들과는 달리 게임 회사가 아닌 내가 직접 게임 캐릭터와 아이템을 NFT 형태로 소유할 수 있고, 이것을 외부 세상으로 보내어 사고팔 수 있다. 이런 경제성의 연결은 메타버스의 가장 중요한 기능 중 하나이다. 그리고 블록체인 게이밍은 메타버스의 이러한 특징을 그대로 가지고 있었기 때문에 '작은 메타버스'로 불러도 손색이 없다고 생각한다.

메타버스와 블록체인 게이밍은 수년 동안 투자자들을 크게 실망시켰던 섹터이다. 하지만 가능성이 없는 것은 아니다. 게임 산업은 전 세계에서 손꼽을 정도로 거대해진 산업이다. 블록체인 기술의 발전과 함께 대형 게임 개발사들이 이 생태계로 뛰어들어 최고 수준의 게임을 블록체인 게임으로 내놓게 된다면 얘기는 완전히 달라질 수 있다. 또한 기술의 발전과 함께 메타버스가 조금 더 현실적이고 일상적으로 이용될 수 있다면, 다시 한 번 중요한 트렌드로 떠오를 가능성은 충분히 있다고 생각한다. 아직 초기 단계이기에 무한한 가능성이 열려 있다. 지금까지의 실패는 시장이 자리잡기 위한 초석이 될 수도 있다. 메타버스라는 기술과 게이밍이라는 산업이 가진 거대한 가능성을 무시해 버리기에는 너무 이른 단계가 아닐까.

101   샌드박스(SAND)

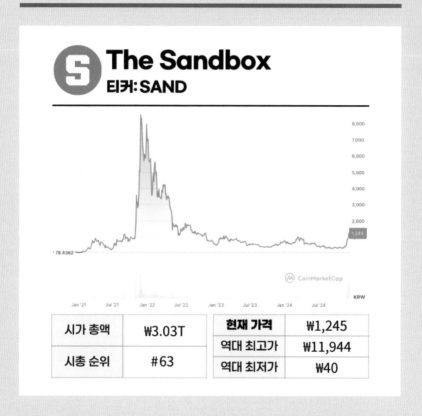

시가 총액	₩3.03T	현재 가격	₩1,245
		역대 최고가	₩11,944
시총 순위	#63	역대 최저가	₩40

샌드박스는 이더리움 기반의 메타버스 플랫폼으로, 사용자들이 가상 세계에서 콘텐츠를 창작, 소유, 수익화할 수 있는 환경을 제공합니다. SAND는 플랫폼 내에서 사용되는 유틸리티 토큰으로, 거래, 랜드 구매, 게임 제작 도구 환용 등에 사용됩니다. 또한 스테이킹을 통해 보상을 받을 수 있으며, 샌드박스의 생태계에서 거버넌스 권한 행사에도 활용됩니다. 창작자 중심의 생태계를 강조하며, 메타버스와 NFT를 결합한 혁신적인 가상 경제를 구축하고 있습니다.

102   버추얼(VIRTUAL)

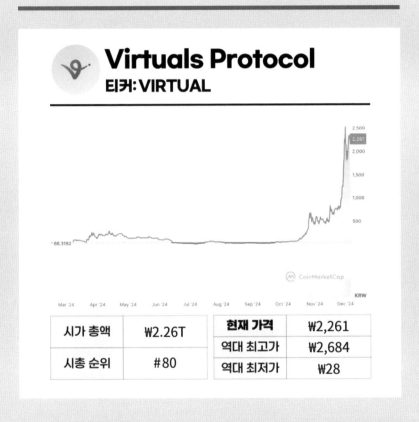

시가 총액	₩2.26T	현재 가격	₩2,261
시총 순위	#80	역대 최고가	₩2,684
		역대 최저가	₩28

버추얼은 가상 세계와 현실을 연결하는 메타버스 플랫폼에서 사용되는 유틸리티 토큰입니다. 주로 디지털 콘텐츠의 구매, 판매, 이벤트 참여에 사용되며, 플랫폼 내 NFT 생성과 거래에도 활용됩니다. VIRTUAL은 사용자들이 창작 활동과 커뮤니티 기여를 통해 경제적 가치를 창출할 수 있도록 설계되었습니다. 탈중앙화된 메타버스 환경을 지원하며, 사용자는 커스터마이징된 아바타와 디지털 자산을 통해 독창적인 경험을 즐길 수 있습니다.

103 디센트럴랜드(MANA)

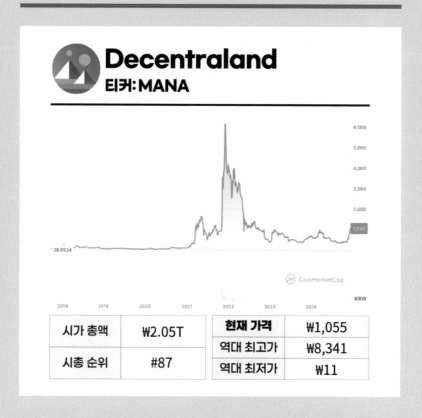

시가 총액	₩2.05T		현재 가격	₩1,055
시총 순위	#87		역대 최고가	₩8,341
			역대 최저가	₩11

디센트럴랜드는 이더리움 기반의 메타버스 플랫폼으로, 가상 세계에서 랜드LAND와 같은 디지털 자산을 구매하거나 거래할 수 있는 토큰입니다. 사용자는 플랫폼 내에서 자신만의 공간을 창작하고 상호작용할 수 있으며, MANA는 콘텐츠 제작, 거래, 서비스 제공 등 다양한 활동에 사용됩니다. 탈중앙화된 거버넌스를 통해 사용자가 플랫폼 발전 방향에 기여할 수 있으며, 디지털 자산의 소유권과 경제적 자유를 강조합니다.

104 엑시 인피니티(AXS)

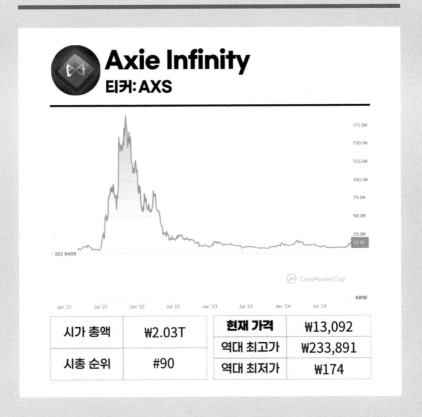

시가 총액	₩2.03T	현재 가격	₩13,092
시총 순위	#90	역대 최고가	₩233,891
		역대 최저가	₩174

엑시 인피니티는 블록체인 기반 게임인 엑시 인피니티에서 사용되는 주요 토큰으로, 게임 내에서 캐릭터(엑시)를 구매하거나 배틀에 참여하는 데 사용됩니다. AXS는 스테이킹과 거버넌스를 통해 사용자들에게 추가적인 보상을 제공하며, 플랫폼의 발전 방향에 대한 의사 결정에 참여할 수 있는 권리를 제공합니다. 엑시 인피니티는 플레이 투 언Play-to-Earn 모델을 기반으로 하며, 사용자들에게 재미와 경제적 가치를 동시에 제공합니다.

105 에이프코인(APE)

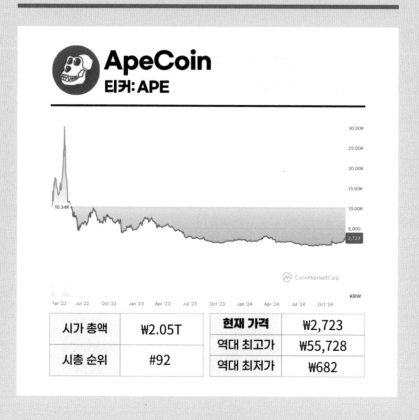

시가 총액	₩2.05T	현재 가격	₩2,723
시총 순위	#92	역대 최고가	₩55,728
		역대 최저가	₩682

에이프코인은 BAYC**Bored Ape Yacht Club** 생태계를 중심으로 개발된 유틸리티 및 거버넌스 토큰입니다. APE는 NFT 거래, 플랫폼 내 서비스 이용, 커뮤니티 이벤트 참여 등에 사용되며, 사용자가 생태계의 운영에 참여할 수 있는 권한을 제공합니다. APE는 NFT와 메타버스 산업에서 중심적인 역할을 하며, 커뮤니티 주도의 탈중앙화된 디지털 생태계를 구축하는 것을 목표로 합니다.

106   갈라(GALA)

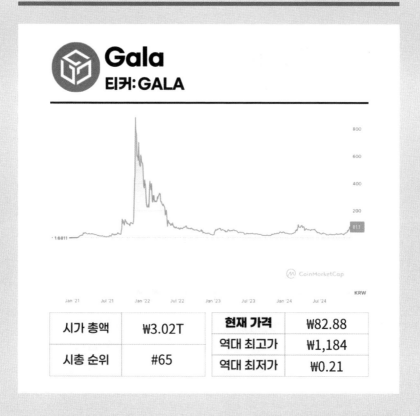

시가 총액	₩3.02T	현재 가격	₩82.88
시총 순위	#65	역대 최고가	₩1,184
		역대 최저가	₩0.21

갈라는 블록체인 기반 게임 생태계에서 사용되는 유틸리티 토큰으로, 사용자들이 게임 아이템을 거래하거나 게임 참여 보상을 받을 수 있습니다. GALA는 게임 제작자와 플레이어 간의 직접적인 연결을 통해 창작자와 커뮤니티의 가치를 극대화하는 데 초점을 맞추고 있습니다. 다양한 블록체인 게임과 호환되며, 탈중앙화된 게임 경제를 지원합니다.

107 빔(BEAM)

시가 총액	₩2.31T	현재 가격	₩47.16
시총 순위	#81	역대 최고가	₩62.78
		역대 최저가	₩6

빔은 프라이버시를 중점으로 설계된 블록체인 플랫폼으로, 익명성과 투명성을 동시에 제공하는 디지털 자산입니다. 빔은 MimbleWimble 프로토콜을 사용해 사용자와 거래 내역의 프라이버시를 보호하며, 비공개 스마트 계약 기능을 지원합니다. 탈중앙화된 금융DeFi 응용 프로그램에서 활용되며, 개인과 기업 모두를 위한 안전하고 비공개적인 금융 생태계를 목표로 합니다.

PART3의 '알트코인 컬렉션'에서 살펴본 것과 같이 각 섹터별로 수많은 코인들이 존재한다. 이 책에서 소개한 코인들은 극히 일부에 불과하다. 책에서는 각 섹터별로 자산 규모와 역사가 상대적으로 뛰어난 코인들로 구성해 소개했다. 우선 각각의 코인들을 살펴보고 웹서칭 등을 통해 투자하고 싶은 코인에 대해 직접 공부해 볼 것을 추천한다.

알트코인 투자에 있어 기본 중의 기본은 DYOR**Do Your Own Reserch**이다. 수만 가지의 알트코인 중 어떤 코인이 대박날지 완벽하게 맞출 수 있는 사람은 없다. 기본적으로 대박에 대한 환상보다는 알트코인 포트폴리오 전체의 뛰어난 평균 수익률로 승부하는 것이 확률 좋은 승부가 될 것이라 여기자. 정 어떤 코인에 투자해야할지 감이 오지 않는다면 각 섹터별로 시가총액 순위 상위 2~3개 정도의 코인에 골고루 투자하는 것도 방법이다. 시가총액이 높은 코인일수록 수익 기대율은 떨어지지만 크게 잘못될 가능성도 줄어들기에 더 안전한 투자가 가능하다. 따라서 스스로 선택하기 어려운 초보자라면 가급적 안전하다고 할 수 있는 시가총액 상위 코인들로 포트폴리오를 구성하는 게 나은 선택이다.

PART
4

알트코인
실전 투자법

알트코인 투자의 성공을 망해하는 예상치 못한 적은 바로 나 자신이다.

과도한 욕심, 평단가와 같은 눈앞의 숫자에 휘둘려 진짜로 중요한 '미래 수익률'을 위한 합리적인 판단을 하지 못한 채 투자에 실패하고 만다.

PART4에서는 알트코인 투자에 성공하기 위한 실전 투자법을 다룬다. 포트폴리오를 구성하고 투자금을 분배하는 것부터 투자가 진행되는 과정에서 어떻게 리밸런싱을 해야 하는지, 그리고 성공을 결정짓는 '매도 타이밍'에 대해서도 다룬다. 무엇보다 많은 이들이 가장 궁금해 할 코인의 진짜 적정 가격을 추론하는 법과 알트코인 시즌이 언제까지 지속될지에 대해서도 이야기한다.

평균으로 승부하라

    알트코인은 펀더멘탈 가치가 없는 코인이 대다수이고, 변동성이 워낙 크기 때문에 소수의 코인에 집중적으로 투자하면 실패할 경우 손실이 지나치게 커질 가능성이 있다. 따라서 기본적으로 다수의 코인에 분산 투자하는 '포트폴리오 투자'를 해야만 하며, 특정 코인에서 대박을 내겠다는 마인드보다는 알트코인 전체의 평균적인 수익률로 승부를 내겠다는 마음가짐이 필요하다. 전체의 평균 수익률만으로도 비트코인 대비 2배 이상 높았던 역사가 있고, 나만의 코인을 선별하여 영양가 있는 포트폴리오를 구성한다면 더 높은 수익률을 만드는 것이 가능하다.

    그렇다면 알트코인 포트폴리오는 어떻게 구성해야 할까? 여기에는 '2스텝'의 단계가 있다. 우선 비트코인과 알트코인의 비중을 정하는 것이 그 첫 번째 단계이다. 암호화폐 시장의 실질적인 토대는 모두 비트코인 위에 존재하기 때문에, 코인에 투자한다면 비트코인이 가장 확실하며 안전한 자산이다. 비트코인에 더하여 추가적인 수익률을 내고 싶을 때 일부 자산을 하이 리스크-하이 리턴인 알트코인에 할당하는 것이다. 따라서 모든 투자금을 알트코인에 올인하기보다는 일부를 활용하여 알트코인에 투자하는 편이 안전하다.

최적의 비트코인:알트코인 비중

그럼 비트코인과 알트코인의 비중은 어떻게 나누는 것이 좋을까? 필자는 기본적으로 비트코인의 비중을 최소 50% 이상 가져가는 편을 추천한다. 물론 상승장에서는 알트코인의 수익률이 비트코인을 훨씬 초과하기 때문에 비트코인을 가져가는 것이 바보 같이 느껴질 수 있다. 하지만 대부분의 알트코인은 매도 타이밍이 불확실하다는 단점이 있어 정작 좋은 가격에 제대로 팔지 못하게 되는 경우도 많다. 또한 변동성도 심하기 때문에 알트코인 비중이 너무 높으면 투자하는 내내 극심한 정신적 스트레스에 시달릴 수 있고 그로 인해 비이성적 판단을 내리게 될 가능성도 상승한다. 이런 여러 불안 요소들을 감안해 봤을 때, 역시 비트코인의 비중을 어느 정도 가져가는 편이 안전하다.

비트코인과 알트코인의 비중을 설정하는 기본 전제는 이렇다.

① 비트코인이 많을수록 안전하지만 기대 수익률은 상대적으로 낮다.

② 알트코인 비중을 올릴수록 변동성은 커지지만 기대 수익률도 높아진다.

위의 전제를 기반으로 각자의 성향에 맞게 비중을 결정할 수 있다. 보수적인 성향을 가진 투자자라면 비트코인의 비중을 많이 가져갈 것이고, 공격적인 투자자라면 알트코인의 비중을 높일 수 있다.

- **포트폴리오 구성 예시**

① 보수형: 비트코인 90% + 알트코인 10%

② 기본형: 비트코인 70% + 알트코인 30%

③ 공격형: 비트코인 50% + 알트코인 50%

공격적인 투자자일수록 알트코인을 많이 가져감으로써 수익 기대치를 높일 수 있다. 다만, 알트코인의 변동이 심한 시기에 잘 견뎌낼 수 있을지 스스로 질문해 보는 과정이 꼭 필요하다. 오직 수익률만 본다면 알트코인이 많은 게 유리하겠으나, 투자는 결코 수학이 아니다. 투자를 해나가는 과정에서 발생하는 수많은 사건들과 변동성으로부터 중심을 잃지 않고, 목적지까지 자산을 지켜내는 꾸준함과 인내심이 중요하다. 높은 수익률을 기대 가능한 자산으로만 구성한다하여 꼭 더 높은 수익률을 낼 수 있는 게 아니란 뜻이다. 느리더라도 꾸준히 가는 것이 결국 더 빠른 성취로 이어질 수 있다. 알트코인 비중을 높였을 때 과연 나는 끝까지 흔들리지 않을 수 있을지에 대해 충분히 자문해 보고 비중을 정하길 권한다.

어떻게 사서, 어떻게 팔아야 할까?

심사숙고 끝에 비트코인과 알트코인의 비중을 정했다면, 어떤 식으로 매수를 해야 할까? 현금이 있다면 당연히 정해둔 비중에 따라 '비트코인:알트코인'으로 나눠서 매수하면 된다. 문제는 이미 비트코인이나 알트코인에 투자를 하고 있어서 돈이 별로 없는 경우이다. 이 경우에는 어떻게 포트폴리오를 재편할 수 있을까? 이때도 방법이 있다.

만약 당신이 이미 코인에 투자 중이어서 포트폴리오를 나눌 여력이 없다면 이미 보유하고 있는 코인을 새로운 코인으로 이동하는 방식으로 포트폴리오를 재편하면 된다. 이것을 '리밸런싱**Revalancing**'이라고 말한다.

예를 들어 비트코인 1억 원 상당을 가지고 있는데, '비트코인 7 : 알트코인 3'으로 비중을 정했다면, 비트코인 3,000만 원을 팔아서 알트코인 3,000만 원을 새로 사면 된다. 이때 많은 투자자들이 대표적으로 고민하는 사항이 두 가지 있다.

- 첫 번째, 어느 타이밍에 팔아서 어느 타이밍에 사야 하는가?
- 두 번째, 현재 손실 구간인데 팔면 손실 확정이 아닌가?

아마 이 책을 읽고 계신 많은 독자분들도 위와 같은 고민이 순간적으로 머릿속에 떠오르지 않았을까 싶다. 여기에 대해 설명하도록 하겠다.

분할 매도, 분할 매수로 '리스크 노멀라이징'하라

어느 타이밍에 비트코인을 팔아서, 어느 타이밍에 알트코인을 사야 할까?

사실 이것은 아마추어 투자자가 판단하기 굉장히 어려운 문제이다. 일반적으로 비트코인과 알트코인은 서로 돌아가면서 상대적 강세와 약세를 오가는 이른바 '순환매'가 일어나는 경우가 많은 편이다. 예를 들어 비트코인이 먼저 강하게 상승하면 일정 타이밍이 지난 다음 알트코인이 뒤따라 상승한다. 이때 비트코인은 가격은 정체되어 있거나 약간 하락한다. 이런 순환매가 자주 일어나기에 비트코인이 강세일 때 팔아서 알트코인으로 전환하면 아주 좋다. 이런 식의 투자가 가능한 투자자라면 그렇게 하면 된다. 하지만 대부분의 투자자는 이런 방식의 타이밍 투자를 하기 어렵다. 암호화폐 시장에 대한 충분한 공부와 경험이 부족하기 때문이다. 또한 타이밍은 실시간으로 달라지는 것이기 때문에 시의성 있는 내용을 전달하기 어려운 책이라는 매체를 통해서는 정보를 알려주기도 매우 어렵다. 그럼 어떤 식으로 알트코인에 진입해야 안전할까?

가장 전통적인 방식이면서 가장 안전한 방식인 '분할 매도, 분할 매수'를 통한 진입이 베스트다. 비트코인에서 알트코인으로 일부 자금을 옮기고자 한다면, 옮기려는 자금을 분할하여 비트코인 매도 후 알트코인을 매수하는 것이다. 그리고 알트코인 사이클이 길어야 1년 정도로 짧기 때문에 분할 거래 기간을 너무 길게 잡는 것은 적절하지 않을 수 있다. 조금은 타이트하게 일정을 잡고 가는 편이 좋다. 사람에 따라 다르겠지만 1~2개월 정도의 기간을 잡고 알트코인으로 자금을 옮기는 것이 무난하다. 빠르게 옮길수록 변동성이 커지지만 가격 상승 시 수익률도 올라간다. 반면 천천히 옮기면 가격 상승 시에는 불리하지만, 반대로 가격 하락 시에 유리하다는 장점이 있다.

예를 들어 비트코인 3,000만 원가량을 팔아 알트코인에 진입하고자 한다면,

- 1개월 안에 진입 시: 매일 100만원씩 비트코인을 매도하고, 알트코인을 매수한다.
- 2개월 안에 진입 시: 매일 50만원씩 비트코인을 매도하고, 알트코인을 매수한다.

이렇게 일정 기간에 걸쳐 천천히 분할 매도와 분할 매수를 한다면 갑작스런 가격 변동에 따른 리스크를 상당 부분 줄일 수 있다. 리스크를 평준화시키는 '리스크 노멀라이징**Risk Normalizing**'을 실시하는 것이다. 알트코인의 경우 특히 변동성이 크기 때문에 짧은 기간 동안 한꺼번에 사면 위험성이 증가한다. 다행히 사자마자 오르면 좋겠지만 반대의 경우도 생각해야 한다. 가급적이면 매수 기간을 1~2개월로 잡아서 가격 변동에 대한 위험을 평준화시키길 권한다.

평단가에 휘둘리지 말고 미래 수익률에 집중하라

비트코인에서 알트코인으로 전환할 때 투자자들은 평균 매수가, 즉 평단가에 사로잡히는 함정에 자주 빠진다. 비트코인에서 20%의 수익을 내고 있는데 그걸 팔아 알트코인을 사면 새 코인의 수익률이 0%가 된다거나, 반대로 비트코인이 20% 손실인 상황에서 알트코인 투자를 위해 매도하는 걸 주저하는 경우가 많다. 하지만 이는 심리적인 착각일 뿐 실제 추가 손실은 없다.

알트코인 전환 시에는 평단가에 연연하지 않고 '총자산 증식'에 집중해야 한다. 평단가는 매수 시점과 가격에 지나친 의미를 부여하는 앵커링 효과이자 심리적 오류에 불과하다. 같은 상황이라도 평단가가 플러스인지 마이너스인지 상황에 따라 감정적 판단을 내리기 쉽다.

알트코인 하이퍼 사이클

예를 들어, 1만 원짜리 A코인을 1억 원어치 매수해 보유 중 가격이 2배로 뛰어 자산이 2억이 되었다고 하자. 이후 A코인 가격이 떨어져 자산이 1억 6,000만 원이 되었을 때 평단가 대비 수익률은 60%로 표시된다. 반면, 2억 원어치 A코인을 모두 팔아 B코인을 매수했는데 B코인이 20% 하락해 1억 6,000만 원이 되었다면 B코인 수익률은 -20%로 보인다.

두 시나리오의 최종 자산 가치는 1억 6,000만 원으로 동일하지만, 평단가에 집착하면 이를 전혀 다른 결과로 받아들이게 된다. 심리적 편향 때문에 합리적 판단이 흐려지는 것이다. 비트코인 수익을 기준으로 알트코인 매수 후 수익률을 0%로 보는 것은 잘못된 관점이다. 중요한 것은 비트코인을 팔고 알트코인을 사는 것이 '미래 수익률' 측면에서 더 나은 선택인지 여부다. 비트코인에서 평가손실이 발생했다고 해서 손실 확정이 두려워 알트코인 전환을 주저하는 것도 비합리적이다. 평가손실은 이미 발생한 일이며, 그 상태에서 알트코인이 더 나은 투자처로 판단된다면 주저 없이 전환해야 한다.

투자자는 매수가에 연연하지 말고, 포트폴리오 유지와 조정 중 어느 쪽이 미래 수익 관점에서 더 나은지 냉정히 판단해야 한다. 평단가의 심리적 압박에서 벗어나 냉정한 분석과 전략적 판단을 내리는 것이 중요하다.

알트코인 포트폴리오 구성 가이드

우선적으로 비트코인과 알트코인의 비중 조절을 어떻게 할지 결정했다면, 다음으로 할 일은 알트코인 내에서의 포트폴리오를 결정하는 일이다. PART3에서 살펴본 7개 카테고리에 각각 속한 알트코인 컬렉션을 참고하여 어떤 코인에 투자할지를 정해라. 이어서 할 일은 알트코인만의 포트폴리오를 짜는 일이 되겠다.

알트코인으로만 구성된 포트폴리오를 만들기 위해서는 몇 가지 중요한 원칙을 반드시 염두에 두어야 한다. 그중에서도 가장 핵심적인 두 가지 원칙은 바로 '분산 투자'와 '포트폴리오 비중 조절'이다. 이 두 가지만 잘 지켜도 알트코인 투자에 있어 리스크를 상당히 줄일 수 있다.

'균등 분산'하지 말고 '전략적 분산'하라

첫 번째는 분산 투자의 원칙이다. 이 책에서 누누히 말해왔듯 알트코인은 본질적으로 투기적인 자산이다. 실제 사용처가 제한적이고, 시장의 변동성이 매우 크다는 특징이 있다. 어떤 알트코인은 한순간에 가격이 수배로 뛰기도 하지만, 반대로 하루아침에 폭락하여 가치가 거의 없어지기도 한다. 이런 극단적인 변동성 때문에 알트코인 투자는 늘 리스크와 직결된다. 만약 특정 알트코인 한두 개에만 올인한다면 어떤 일이 벌어질까? 운이 좋아 대박이 날 수도 있겠지만, 반대로 대폭락 시 돌이킬 수 없는 손실을 입을 수도 있다. 알트코인의 세계에는 보장된 것이 없기 때문이다. 따라서 충분한 분산 투자만이 이런 리스크를 조금이라도 낮출 수 있는 방법이다.

분산 투자의 기본은 포트폴리오 내 알트코인 '개수'를 늘리는 것이다. 대신 한 코인당 투자 비중은 줄어들게 된다. 예컨대 10개의 알트코인에 각각 10%씩 투자하는 식이다. 이렇게 하면 개별 알트코인의 실패가 포트폴리오 전체에 미치는 영향을 최소화할 수 있다. 분산의 폭은 투자자의 성향에 따라 조금씩 다를 수 있다. 안정성을 최우선시하는 보수적 투자자라면 검증된 20개 정도의 알트코인에 분산 투자할 수 있다. 많은 코인에 투자할수록 수익의 가능성은 높아지지만 그만큼 포트폴리오 관리도 복잡해진다는 점은 유의해야 한다.

그러나 분산 투자가 '살 수 있는 알트코인은 모두 사라'는 의미는 아니다. 분산의 기본은 지키되, 더 유망해 보이는 알트코인에는 상대적으로 더 높은 '비중'을 두는 것이 현명하다. 다시 말해 코인별 투자금 비중은 해당 프로젝트의 기술력, 시장성, 팀의 역량 등을 종합적으로 분석한 결과에 따라 차등을 두어야 한다. 또한 시장 흐름에 따라 비중을 유연하게 조절할 수 있는 대응력도 필요하다. 요컨대 알트코인 투자에서 분산은 선택이 아닌 필수다. 충분한 분산 투자로 리스크를 제어하되, '균등 분산'보다는 '전략적 분산'이 더 효과적이다. 시시각각 변하는 시장의 흐름을 읽어내는 통찰력과 대응력도 갖추어야 한다. 이는 투자자로서 반드시 익혀야 할 기본 소양이다. 분산 투자의 원칙을 철저히 지키는 것, 그것이 알트코인 투자에서 살아남는 지혜다.

알트코인 분류에 따라 투자 비중을 조절하라

두 번째, 분산 투자만큼이나 중요한 원칙이 포트폴리오 내에서 기준에 따라 알트코인의 종류를 구분하고 비중을 조절하는 것이다. 모든 알트코인이 같은 특성을 지닌 것은 아니기 때문이다. 어떤 코인은 이미 시가총액이 수조 원에 이르는 반면, 어떤 코인은 겨우 수십억 원에 불과하다. 당연히 리스크의 크기도 천차만별이다. 이런 코인들을 동일한 비중으로 투자하는 건 현명하지 못하다. 따라서 포트폴리오를 구성할 때는 알트코인을 몇 개의 그룹으로 나누어 비중을 차별화하는 것이 좋다.

가장 일반적인 기준은 시가총액 순위다. 알트코인 시총 상위 10위 안에 드는 코인을 '대형주'라고 한다면, 10~50위권은 '중형주', 그 밖의 코인은 '소형주' 정도로 분류할 수 있을 것이다. 여기에 갓 상장한 신생 코인을 '신규'로 분류해 별도 관리할 수도 있다.

그룹이 나누어졌다면 다음은 적절한 비중 배분이다. 예를 들어 이런 식의 비중 조절이 가능하다.

- 대형 알트코인 (시총 상위 10위 이내): 50%
- 중형 알트코인 (시총 10위 밖): 30%
- 소형 및 신규 알트코인 (시총 50위 밖): 20%

포트폴리오의 안정성을 위해서는 대형 알트코인에 가장 높은 50% 정도의 비중을 두는 것이 좋다. 대형 알트코인은 어느 정도 검증된 만큼 급격하게 폭락할 가능성이 상대적으로 낮기 때문이다. 중형 알트코인은 30% 정도로 제한하는 것이 안전하다. 물론 이는 어디까지나 참고일 뿐 절대적인 기준은 아니다. 투자자 개인이 특정 코인에 대해 강한 확신이 있다면 해당 코인의 비중을 더 높일 수도 있다. 또 투자 성향에 따라 공격적으로 소형주 비중을 더 늘릴 수도 있다. 중요한 것은 자신만의 명확한 기준을 세우고, 각 코인에 대한 충분한 분석에 근거해 비중을 결정하는 일이다.

살펴본 첫 번째와 두 번째 원칙을 요약하면 다음과 같다.

① 투자할 알트코인들을 선별한다.
② 기준(주로 시가총액)에 따라 분류하고, 투자할 금액의 비중을 정한다.

③ 정해진 비중의 금액을 균등 분산이 아닌 전략적 분산으로 투자한다.

결국 포트폴리오 비중 조절의 핵심은 체계적 리스크 관리다. 소수 알트코인에 쏠려서도, 그렇다고 모든 코인을 같은 비중으로 담아서도 안 된다. 시총 규모별로 적절한 비중을 배분하고, 개별 코인의 가치와 시장 흐름을 고려해 기민하게 대응해야 한다. 이는 철저한 분석과 끊임없는 시장 모니터링이 뒷받침될 때 비로소 가능한 일이다. 투자에 왕도가 없듯 포트폴리오 비중 조절에도 정답은 없다. 다만 나만의 원칙과 기준을 세우고 일관되게 지켜나가는 것, 그것이 곧 성공적인 포트폴리오 관리의 지름길이 될 것이다. 참고로 알트코인의 시가 총액은 다음과 같은 사이트에서 확인할 수 있다.

코인마켓캡: https://coinmarketcap.com/
코인게코: https://www.coingecko.com/

구체적인 리밸런싱 전략

포트폴리오 구성이 모두 끝났다고 할 일이 사라지는 것은 아니다. 이후 가격의 변화에 따라 포트폴리오 내 자산의 비중이 달라지기 때문이다. 일반적으로 불장에 들어가면 비트코인보다 알트코인의 가격 상승률이 크기 때문에 알트코인의 비중이 더 높아지게 된다. 그럴 땐 어떤 식으로 리밸런싱을 해야 할까?

만약 비트코인 70%, 알트코인 30%로 포트폴리오를 구성했다고 가정해 보자. 이 상황에서 알트코인 가격이 오르면 전체에서 알트코인이 차지하는 비중이 30%를 넘어설 것이다. 이때 너무 서둘러 알트코인 비중을 줄이려 들 필요는 없다. 그러니까 알트코인 비중이 조금 높아졌다고 바로 알트를 팔아 비트를 살 필요는 없다는 뜻이다. 사이클이 본격화

되면 알트코인 비중이 좀 더 높아지는 게 오히려 당연한 현상이기 때문이다. 굳이 수익률이 좋은 알트코인을 서둘러 팔 이유가 없는 것이다.

물론 알트코인 비중이 지나치게 높아졌다면 얘기가 달라진다. 50%를 훌쩍 넘어 60~70%까지 치솟았다면 리스크 관리 차원에서 일부 알트코인을 정리해 비트코인으로 전환하는 보수적 전략도 고려해 봐야 한다. 수익률은 좀 줄어들겠지만, 그래도 순수 비트코인 포트폴리오보다는 수익률이 나을 것이다. 중요한 건 시장 흐름을 정확히 읽는 안목이다. 알트코인의 강세가 이어질 것 같다면 섣불리 비중을 줄일 필요가 없다. 반대로 과열 징후가 보인다면 일부 이익 실현도 나쁘지 않다. 상황에 맞게 균형과 절제의 자세로 임하는 게 바람직한 접근일 것이다.

다음으로 알트코인끼리의 리밸런싱이다. 알트코인 내에서의 리밸런싱은 투자자의 전략과 시장 상황에 따라 다양한 방식으로 이뤄질 수 있다. 가장 소극적인 접근은 리밸런싱 자체를 하지 않는 것이다. 일단 포트폴리오를 구성한 뒤에는 개별적인 알트코인의 가격 변동에 따라 비중이 변하더라도 그대로 두는 방식이다. 이는 장기적으로 상승 추세가 이어질 것으로 판단될 때 유효할 수 있다. 우량 알트코인을 선별해 보유하고 있다면, 굳이 리밸런싱에 나설 필요가 없는 것이다. 단기적인 시세 변동에 일희일비하지 않고 초심을 유지하는 것만으로도 충분한 수익을 거둘 수 있다.

그러나 이런 방식은 시장의 변화를 간과할 위험이 있다. 어떤 알트코인은 기술적 혁신이나 호재에 힘입어 가파른 상승세를 그리기도 하지만, 또 어떤 코인은 부정적 이슈로 인해 지속적인 하락세를 면치 못한다. 이 경우 비중 조절에 나서지 않는다면 포트폴리오 전체의 균형이 무너질 수 있다. 투자 심리 측면에서도 부담이 될 수 있다. 떨어지는 코인만 잔뜩 쥐고 있는 상황이라면 불안함에서 자유로울 수 없을 것이다. 따라서 어느 정도는 리밸런싱을 해주는 것도 좋다. 아래에 그런 리밸런싱 방법을 소개하도록 하겠다.

알트코인끼리의 리밸런싱 전략

첫 번째 방법은 부진한 알트코인을 정리하는 것이다. 포트폴리오 내에서 상대적으로 성과가 좋지 않은 코인들을 매도해 비중을 축소하는 방식이다. 반면 초기 투자 판단대로 좋은 실적을 보이는 코인들은 계속 보유하면서 비중을 유지하거나 높이는 것이다. 쉽게 말해 승자에 올인하고 패자는 털어내는 셈이다. 이 방법은 '과거 실적이 미래에도 지속될 것'이라는 전제에서 출발한다. 어떤 알트코인이 최근 수개월 간 좋은 모습을 보였다면, 향후에도 그 흐름을 이어갈 것이라는 개연성에 베팅하는 것이다.

하지만 시장이 역동적으로 변한다는 사실도 잊어서는 안 된다. 그동안 부진했던 알트코인이 갑자기 떠오를 수도 있고, 반대로 상승을 주도하던 코인이 조정 국면을 맞을 수도 있다. 특히 암호화폐 시장은 예측 불가능성이 크기에 더욱 주의가 필요하다. 어떤 호재나 악재로 인해 시세가 요동칠지 알 수 없기 때문이다. 따라서 실적이 부진하다는 이유로 알트코인을 섣불리 정리하는 것은 신중할 필요가 있다. 시장을 계속 주시하면서 중장기적 관점에서 접근해야 한다.

두 번째 방법은 보다 적극적인 리밸런싱 전략이다. 일정 주기마다 전체 포트폴리오를 점검하고, 비중이 과도하게 쏠린 코인은 분할 매도하는 방법이다. 예컨대 한 달에 한 번씩 리밸런싱하는 경우를 생각해 보자. 최근 한 달 동안 급등했던 알트코인 A는 30% 매도해 수익을 실현한다. 반대로 부진했던 알트코인 B는 오히려 30% 매수해 비중을 높인다. 즉 '수익은 확정하면서 상대적으로 저평가된 코인을 싸게 사들이는 것'이다. 이를 통해 변동성을 줄이고 포트폴리오의 안정성을 높일 수 있다.

그러나 이 방식대로 하면 계속 상승하는 알트코인을 팔아야 하는 리스크가 있다. 가격 상승이 지속될 것으로 예상되는 국면이라면, 수익 기회를 제한하는 결과로 이어질 수 있다. 실제로 암호화폐 시장에서는 특정 코인이 몇 배씩 급등하는 일이 비일비재하다. 이런 상황에서 단순히 비중이 높다는 이유로 매도에 나선다면 막대한 기회비용을 감수해야 한다. 물론 하락 리스크를 줄인다는 측면에서는 긍정적이다. 중요한 것은 시장 사이클에 대한 정확한 판단이다. 강세장에서는 상승 여력이 큰 코인에 더 많이 투자하고, 약세장에서는 방어적으로 대응하는 유연성이 필요하다.

세 번째 리밸런싱 기법은 '일정 가격 이하로 하락한 알트코인만 매수'하는 것이다. 자금 여력이 있다면 크게 내려간 코인을 저점에서 사들임으로써 평단을 낮출 수 있다. 예컨대 알트코인 C가 매수 가격 대비 40% 이상 빠졌다면 일정 물량을 추가 매수하는 것이다. 향후 반등이 예상되는 국면이라면 비중 확대를 통해 수익률을 높일 수 있다. 특히 장기 투자자 입장에서는 크게 하락한 국면이 오히려 기회가 될 수 있다. 우량 알트코인을 싸게 살 수 있는 타이밍이기 때문이다. 단, 추가 매수에는 항상 리스크가 따른다는 점을 명심해야 한다. 알트코인 가격이 예상과 달리 계속 하락한다면 평균 단가는 낮아질 수 있어도 수익률 개선으로 이어지지는 않는다. 일종의 내리막 사다리에 올라탄 격이 될 수 있다. 더욱이 암호화폐 시장에서 일부 알트코인은 한 번 폭락하면 두 번 다시 회복하지 못하는 경우도 많다. 따라서 철저한 분석을 통해 저점 매수에 나설 코인을 엄선해야 한다. 또한 가격이 내려갈 때마다 물량을 무한정 늘리는 것이 아니라, 사전에 설정한 적정 비중 내에서 분할 매수하는 원칙을 지켜야 한다.

끝으로 상기 전략들을 순서에 구애받지 않고 자유롭게 조합하는 유연한 접근이 가능하다. 예를 들어 급락한 알트코인을 일부 매수하되, 그 자금의 출처는 그간 크게 상승했던 코인을 분할 매도해서 조달할 수 있다. 아울러 호재 소진으로 상승세가 꺾인 코인은 비중을 줄이고, 반대로 긍정적 모멘텀이 포착되는 코인으로 교체하는 전략도 구사할 수 있다. 이처럼 시장 상황과 각 코인의 특성에 맞게 리밸런싱 기법을 선택적으로 활용하는 것이 바람직하다.

중요한 것은 이 모든 전략에 절대적인 정답은 없다는 사실이다. 그때그때 시장 상황과 투자자 개인의 스타일, 위험 감수도 등을 고려해 최적의 조합을 만들어가야 한다. 아울러 한 번 선택한 전략에 안주할 것이 아니라 새로운 정보와 환경 변화에 맞춰 기민하게 대응할 줄 알아야 한다. 알트코인 리밸런싱에 왕도가 있을 수는 없다. 투자자 스스로 시장을 깊이 통찰하고, 나만의 노하우와 전략을 창조해 나가는 자세가 무엇보다 중요하다. 알트코인 시장의 변화무쌍함을 겸허히 받아들이되, 원칙과 기준을 가지고 유연하게 대처해 나간다면 분명히 지속 가능한 수익을 얻을 수 있을 것이다.

알트코인 하이퍼 사이클

성공을 결정 짓는 매도 타이밍, 언제 팔아야 할까?

지금까지 알트코인의 사이클을 이해하고, 코인을 선별하고, 포트폴리오를 구성하고, 매수를 진행하는 것까지 모두 살펴보았다. 알트코인 투자를 진행하며 포트폴리오 구성과 매수 시점을 완벽하게 맞췄다 하더라도, 이를 성공적인 투자로 이끄는 최종 열쇠는 '매도 타이밍'에 달려 있다. 아무리 우량 코인을 선별하여 매력적인 가격에 매수했다 해도, 수익 실현에 실패하면 그동안의 노력이 무의미해질 수 있다. 특히 가격 변동성이 큰 알트코인 시장에서는 매도 타이밍이 절대적으로 중요하다. 순간적인 가격 급등 후 급락이 빈번하게 발생하는 알트코인 시장에서 매도 타이밍을 놓치면 그동안 쌓아온 수익이 하루아침에 사라질 수 있다. 따라서 적절한 매도 전략을 통해 상승분을 실현하고 리스크를 관리하는 것이 성공적인 알트코인 투자의 핵심이다.

상승폭에 따른 분할 매도 전략

변동성이 극심한 알트코인 시장에서 매도 타이밍을 포착하기란 쉬운 일이 아니다. 하루 사이에 50% 이상 급락할 수 있는 알트코인 시장에서, 일시적인 가격 상승에 현혹되어 무작정 알트코인을 보유하는 것은 위험하다. 반면, 너무 이른 시점에 전량 매도하여 이후의 상승 기회를 놓치면 그만큼 큰 기회비용이 발생할 수 있다. 이러한 문제를 해결하기 위해 분할 매도 전략이 유효한 대안이 될 수 있다. 특정 알트코인이 매수 가격 대비 2배 상승했을 때, 일부 물량을 매도하여 수익을 실현하고 나머지 물량을 보유하는 방식이다. 이후 3배, 5배, 10배 등 상승폭에 따라 매도 비중을 점진적으로 늘려가며 리스크와 수익을 동시에 관리하는 것이다.

분할 매도는 시장의 예측 불가능성을 고려한 유연한 전략이다. 알트코인의 경우 상승이 어디까지 이어질지 예측하기 어려운 경우가 많다. 예를 들어, 2배 수익에 전량 매도했을 경우 이후 해당 코인이 10배, 100배 상승할 가능성을 배제할 수 없다. 반대로 시장이 정점에 도달한 후 급격한 하락을 경험하게 된다면 전체 보유 물량을 잃을 위험이 크다. 따라서 분할 매도 전략은 일부 물량을 이익 실현에 활용하면서도 나머지 물량을 보유하여 추가 상승 가능성을 남겨두는 균형 잡힌 접근이다.

상승 초기에는 물량을 최대한 보유하고, 중기 및 후반부로 갈수록 매도 비중을 늘려가며 수익을 점진적으로 실현하는 것이 효과적이다.

매도 타이밍 포착을 위한 주요 지표

매도 타이밍을 결정하기 위해 참고할 수 있는 다양한 지표들이 있다. 이를 통해 시장의 흐름을 읽고, 보다 과학적이고 체계적인 방식으로 매도 시점을 판단할 수 있다.

1) 가격 변화 추이

알트코인은 짧은 시간 안에 급등락을 반복하는 경우가 많다. 일반적인 경우, 하루 이틀 간의 가격 급등은 알트코인의 특성상 크게 드문 일이 아니지만, 수일에 걸쳐 가파르게 상승하는 패턴은 주의할 필요가 있다. 특히 코인이 '최근 가격 대비 2배 이상의 상승'을 기록한 경우, 과열 상태로 볼 수 있다. 이런 경우에는 일부 물량을 매도하여 차익을 실현하고, 나머지 물량으로 추가 상승을 노리는 것이 바람직하다. 이처럼 가격 변화의 패턴을 통해 시장의 과열 여부를 파악하고, 적절한 매도 시점을 설정할 수 있다.

2) 거래량 변화

거래량은 세력 유입과 매도 압력을 파악할 수 있는 중요한 지표이다. 상승 초반에 거래량이 급증하는 현상은 큰 자금이 유입되어 가격 상승을 견인하는 신호로 볼 수 있다. 하지만 일정 수준 이상 상승한 후 거래량이 줄어들기 시작한다면, 매도 타이밍으로 볼 수 있다. 상승 후 반부에 거래량이 감소하는 현상은 매수세가 약해지고, 투자자들이 차익 실현을 시작하고 있음을 의미할 수 있다. 따라서 거래량 변화를 주기적으로 체크하며 상승 초기와 후반부의 흐름을 읽는 것이 중요하다.

3) 기술적 지표(RSI, MACD 등)

기술적 지표도 매도 타이밍을 판단하는 데 유용하게 활용된다. RSI(상대강도지수)는 과매수 상태를 나타내는 지표로, 일반적으로 70 이상일 때 과열을 나타내며 매도 시점을 고려할 수 있는 구간으로 본다. MACD(이동평균 수렴·발산)는 단기 및 장기 이동평균선을 비교하여 매수와 매도의 시그널을 제공한다. MACD가 시그널선 아래로 교차할 때는 하락 전환 가능성을 시사하므로 주의 깊게 살펴보아야 한다.

기술적 지표에 대한 상세한 정보는 책 뒷부분 '부록'을 참조하라.

4) 코인 프로젝트의 뉴스 및 이벤트

알트코인의 가격은 프로젝트의 주요 업데이트, 파트너십 체결, 새로운 기술 발표 등 호재성 뉴스에 큰 영향을 받는다. 프로젝트에 긍정적인 발표가 있을 때 일시적으로 가격이 급등하는 경우가 많다. 그러나 호재성 뉴스는 시간이 지나면 효과가 약해질 수 있으므로, 소식이 나온 이후 일정 기간이 지나면 매도 타이밍으로 활용할 수 있다. 특히 지나치게 큰 상승이 단기적인 이슈로 발생했다면, 뉴스 효과가 끝난 후 조정이 올 가능성도 높다.

5) 시장 심리와 사회적 반응

투자자들의 심리적 상태와 시장의 사회적 반응도 매도 시점에 영향을 줄 수 있다. 알트코인 시장이 과열되고, 대중의 관심이 급증할 때는 오히려 매도 타이밍일 수 있다. 많은 투자자가 지나치게 낙관적인 전망을 보일 때는 거품이 형성되었을 가능성이 크기 때문이다. 반대로 부정적인 여론이 퍼지고 매도가 활발해질 때는 반등 가능성을 염두에 두고 일부 물량을 홀드하는 전략을 사용할 수 있다.

성공적인 매도 전략을 위한 원칙

알트코인 투자의 완성은 적절한 매도 타이밍에 있으며, 이를 통해 수익 실현과 리스크 관리를 동시에 이루는 것이 핵심이다. 우량 코인을 초입에 매수하여 장기적인 상승을 누리되, 욕심을 버리고 원칙에 따라 일정한 비중을 점진적으로 매도하는 습관이 필요하다. 한 번에 큰 수익을 노리기보다 점진적으로 이익을 실현하며 리스크를 제어하는 편이 현명하다. 아무리 좋은 코인이라도 영원한 상승은 없다는 사실을 명심하고, 냉정한 투자자의 자세로 임해야 할 것이다.

코인의 진짜 적정 가격은
얼마일까?

여기까지 책을 읽은 독자들이라면 한 가지 본질적인 의문이 생길 것이다.

"대체 알트코인의 적정 가격은 어떻게 측정할 수 있지?"

사실 여기에 정답은 없다. 어느 누가 어떤 알트코인의 적정 가격을 측정할 수 있단 말인가? 앞에서 지속적으로 설명했듯, 알트코인은 기본적으로 비트코인의 파생상품이며 알트코인 자체에는 본질적 가치가 없는 경우가 많다. 그리고 알트코인들이 주장하는 기술적 가치나 미래의 비전은 이뤄지지 않는 경우가 많기에 가치 측정의 지표로 삼기 위한 신뢰성이 떨어진다. 따라서 일반적인 방법으로 알트코인의 가치를 측정하긴 어렵다. 그럼 어떤 방법이 가장 적절하면서도 너무 어렵지 않

알트코인 하이퍼 사이클

은, 알트코인 가치를 측정하는 방법으로 사용할 수 있을까?

알트코인의 적정 가격을 추정하는 데 있어 가장 효과적인 방법 중 하나는 해당 코인과 유사한 상위 코인의 시가총액을 기준으로 삼는 것이다. 이는 알트코인 프로젝트의 잠재력과 미래 가치를 가늠하는 데 있어 중요한 참고 지표가 될 수 있다. 물론 시가총액이 모든 것을 말해주는 것은 아니지만, 시가총액이 시장에서의 위상과 투자자들의 기대감을 어느 정도 반영한다고 볼 수 있기 때문이다.

이를 실제 사례에 적용해 보면, 솔라나의 적정 가격을 추정하고자 할 때 이더리움의 시가총액을 벤치마크로 삼을 수 있다. 2024년 11월 19일 기준, 솔라나는 이더리움 시가총액의 약 31% 수준에 머물러 있다. 만약 솔라나가 기술적으로나 생태계 측면에서 이더리움에 버금가는 성장을 이룬다면 솔라나의 가격은 현재보다 3.22배 상승할 수 있다는 계산이 나온다. 그러나 현실적으로 당장 솔라나가 이더리움과 동일한 시가총액에 도달하기란 쉽지 않아 보인다. 따라서 솔라나의 잠재 가

■ 이더리움과 솔라나의 시가총액 비교

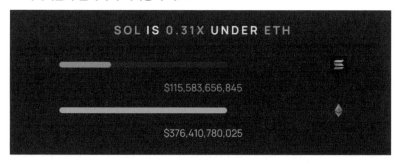

SOL IS 0.31X UNDER ETH

$115,583,656,845

$376,410,780,025

출처: MarketCapOf

치를 이더리움 대비 어느 정도로 평가할 것인지가 중요한 관건이 된다. 이는 단순히 주관적인 판단이 아니라, 솔라나 프로젝트의 기술적 우위, 개발 로드맵, 파트너십, 커뮤니티 등에 대한 종합적인 분석에 기반해야 한다. 여기에는 블록체인 업계의 전반적인 트렌드와 경쟁 구도에 대한 이해도 필요할 것이다.

예를 들어, 향후 몇 년간 크립토 시장이 전반적인 강세를 보이며 이더리움 가격이 지금의 5배로 상승한다고 가정해 보자. 그리고 같은 기간 동안 솔라나가 이더리움 시가총액의 50%까지 성장할 것으로 예상한다고 해보겠다. 이 경우 이더리움의 시가총액이 5배 올랐고, 솔라나의 시가총액은 그것의 50%가 되므로, 솔라나의 가격은 현재의 약 8배로 상승하게 된다. 이렇게 상위 알트코인의 시가총액을 먼저 계산하고 이어서 내가 적정 가격을 얻고자 하는 코인의 시가 총액을 해당 코인의 성장 가능성을 포함하여 계산해 보면 된다. 물론 쉬운 일은 아니다. 상위 코인이 얼마나 성장할지도 미지수이고, 내가 적정 가격을 알아내고

■ 페페코인과 도지코인의 시가총액 비교

출처: MarketCapOf

알트코인 하이퍼 사이클

자 하는 코인의 성장 가능성도 알 수 없다. 따라서 정확한 가격을 예측하는 건 사실 원칙적으로 어렵다. 대략적인 범위를 가늠해 보는 정도로 만족해야 할 것이다.

한편, 밈 코인 시장에서도 이러한 접근법은 유효하다. 최근 급부상하고 있는 페페코인의 적정 가격을 가늠하기 위해 밈 코인의 선두 주자인 도지코인과 비교해 보자. 2024년 11월 19일 기준 페페코인은 도지코인 시가총액의 15% 정도이며, 도지코인과 어깨를 나란히 하기 위해서는 시가총액 기준으로 6.6배 정도의 추가 상승이 필요한 상황이다. 이때 페페코인의 잠재력을 도지코인 대비 30% 정도로 본다면, 페페코인은 현재 가격에서 약 2배의 성장 여력이 있다고 볼 수 있다. 도지코인이 3배 성장하고 페페코인은 여전히 도지코인의 30% 정도 시가총액을 가질 것이라 본다면 페페코인의 가격 상승은 '2배 × 3배 = 6배'가 될 것이다.

그러나 이러한 분석은 어디까지나 이론적인 접근에 불과하며, 실전에서는 예측 불가능한 변수들이 얼마든지 등장할 수 있다. 어떤 알트코인의 미래 가치를 정확히 예측한다는 것은 사실상 불가능에 가깝다. 다만 이처럼 상위 코인과의 상대 가치 비교를 통해 대략적인 밸류에이션 프레임을 그려볼 수는 있다는 정도이다. 해당 코인이 속한 블록체인 생태계의 성장성, 핵심 기술의 차별성, 개발팀의 전문성과 같은 질적인 요소들을 꼼꼼히 들여다봐야 한다. 여기에 거시경제 흐름과 크립토 시장의 투자 심리까지 읽어낼 수 있어야 비로소 알트코인 투자에서의 성공 가능성이 높아질 것이다.

알트코인 투자에 만병통치약은 없다

결국 알트코인 투자에 있어 만병통치약은 존재하지 않는다. 적정 가격을 추정하는 것은 결코 쉬운 과제가 아니지만, 그럼에도 상위 코인과의 시가총액 비교는 나름의 참고 기준이 될 수 있다. 여기에 자신만의 치밀한 분석과 통찰이 보태진다면 보다 정교하고 유의미한 투자 포트폴리오를 구축할 수 있을 것이다.

무엇보다 대세에 휩쓸리기보다는 냉철한 판단력과 인내심을 갖는 것이 중요하다. 단기적 노이즈에 흔들리지 않고 일관된 투자 철학을 유지하는 한편, 급변하는 시장 환경에는 신속하고 유연하게 대응할 줄 알아야 한다. 알트코인 시장은 아직 미성숙한 시장이다. 기회가 많은 만큼 위험도 상존한다. 적정 가격을 추정하는 데 있어 상위 코인과의 비교는 유용한 툴이 될 수 있지만, 그 자체로 완벽한 공식은 될 수 없음을 인지해야 한다. 끊임없는 학습과 연구를 통해 나만의 투자 역량을 강화하는 한편, 시장을 겸허한 자세로 바라보는 태도를 잃지 않는 것. 그것이 불확실성의 바다를 항해하는 알트코인 투자자가 가져야 할 기본 소양이 아닐까. 그 길이 결코 평탄하지는 않겠지만, 치열한 준비와 끝없는 도전 정신으로 무장한 투자자라면 분명 새로운 기회의 지평을 열어갈 수 있을 것이다.

해외 거래소와 개인 지갑으로
자산을 지켜라

2024년 12월 3일 자정이 가까워지던 시간, 난데없이 우리나라에 비상 계엄령이 선포되었다. 1979년 이후 최초의 비상 계엄령이었다. 비록 국회의 만장일치로 몇 시간 만에 해제되기는 했지만 짧은 시간 동안 많은 사람들을 당혹시켰고, 예상치 못한 엉뚱한 피해자를 낳았다. 단 몇 시간 만에 국내 거래소의 비트코인 가격이 8,000만 원대까지 폭락했던 것이다. 계엄령이 선포되기 전보다 30% 넘게 가격이 빠진 것이다.

이 사건은 국내 거래소에 코인을 보관하는 것이 얼마나 위험한 일인지를 여실히 보여주었다. 이 가격 폭락 사태는 글로벌 시장과는 무관하게 국내 거래소에서만 발생했다는 점에 주목해야 한다. 국내 거래소의 얇은 호가창은 패닉셀링에 취약했고(계엄령이 발동되면 주식 시장 등 자산 거래 시장의 기능이 국가로 인해 동결될 수 있다), 결과적으로 국내 투자자들만 불필요한 손실을 보게 되었다. 국내 거래소의 구조적 취약성을 적나라하게 보여준 사례라고 할 수 있다.

대한민국이 가지는 국가적 특수성과 자산 안정성

대한민국은 여전히 휴전 상태인 분단 국가이며, 이러한 지정학적 위기는 언제든 다시 발생할 수 있다. 이번 사건처럼 비상사태가 발생할 때마다 국내 거래소에 보관된 자산은 큰 위험에 노출될 수밖에 없는 구조다.

그런데 본래 비트코인은 태생적으로 탈중앙화된 글로벌 자산이다. 어느 한 국가나 기관에 종속되지 않으며, 24시간 365일 전 세계 어디서나 거래가 가능하다. 이러한 특성은 사실 국가적 위기 상황에서 더욱 빛을 발한다. 즉 해외 거래소를 활용하거나, 특히나 개인 지갑을 활용하면 우리나라에서 일어나는 특정 이슈에 휘둘리지 않고 자산의 안전성을 크게 높일 수 있다는 것이다.

개인 지갑의 경우 오직 소유자만이 자산에 대한 통제권을 갖는다. 어떤 정부나 기관도 이를 동결하거나 몰수할 수 없다. 비상사태가 발생하더라도 12~24개의 '시드 구문'만 있다면 전 세계 어디서든 자신의 자산에 접근할 수 있다. 참고로 이 시드 구문은 개인용 지갑에 접근할 수 있는 권한, 일종의 통장 비밀번호라고 생각하면 된다.

알트코인 하이퍼 사이클

해외 거래소 역시 훌륭한 대안이다. 국내 거래소가 일시적으로 폐쇄되거나 동결되더라도 해외 거래소를 통한 거래는 계속할 수 있다. 국내에서 접속을 제한하더라도 우회적인 방법을 통해 접근할 수 있으며, 이는 비상시에 매우 중요한 탈출구가 된다.

현재 우리나라는 아직 암호화폐에 대한 과세가 시행되지 않아 자산 이동이 자유롭다. 그러나 과세가 시작되면 상황이 달라질 수 있다. 특히 해외로의 자산 이동이 제한될 가능성이 높다. 따라서 지금이 자산을 분산할 수 있는 최적의 시기다.

제안하고자 하는 구체적인 전략은 다음과 같다.

① 보유하고 있는 비트코인의 상당 부분을 개인 지갑으로 이전하자. 가장 안전한 보관 방법이다.

② 거래가 필요한 일정 물량은 해외 거래소 계정을 개설하여 보관하자. 개인 지갑의 경우 필요할 때 즉시 거래하는 게 불가능한 경우가 생길 수 있다. 따라서 해외 거래소도 함께 활용하며 코인을 보관하는 것이 좋다.

③ 국내 거래소에는 단기적인 현금화가 필요한 최소한의 물량만 보관하자.

비트코인이 가진 진정한 가치는 단순한 투자 수단이 아닌, 자산 주권의 실현에 있다. 국가적 위기 상황에서도 자신의 자산을 안전하게 지킬 수 있는 도구로서 비트코인의 가치는 더욱 빛을 발할 것으로 생각된다.

마지막으로 강조하고 싶은 것은 시간이 갈수록 자산의 해외 이전이 어려워질 수 있다는 점이다. 지금이야말로 자산을 분산하고 안전 장치를 마련할 수 있는 골든 타임일 수 있다. 이 기회를 놓치지 말고, 자신의 자산을 보호하기 위한 적극적인 행동에 나서기를 권장한다.

아래 QR 코드 링크로 들어오면 국내 거래소에서 해외 거래소 및 개인 지갑으로 코인을 이동하는 방법과 해외 거래소를 사용하여 거래하는 간단한 방법에 대해 알려주는 무료 전자책을 받을 수 있다.

알트코인 시즌, 언제 끝날까?

이제 최종적으로 알트코인 시즌, 즉 '알트코인 하이퍼 사이클'의 종료 타이밍에 대한 얘기를 하려고 한다. 알트코인 시즌은 비트코인 대비 기본적으로 한 타이밍 느리게 시작한다고 설명했다. 그렇다면 종료 타이밍은 어떨까? 마찬가지다. 늦게 시작한 만큼 끝나는 것도 조금 느리다.

다음 페이지에 나오는 차트는 2차 사이클과 3차 사이클에서 각각 비트코인의 고점과 알트코인 대장 이더리움의 고점을 표시한 차트이다. 노란색 선이 비트코인 가격을 가리킨다.

2차 사이클에서 비트코인의 고점은 12월 11일 주에 발생했고, 이더리움의 고점은 1월 8일 주에 발생했다. 3차 사이클의 1차 고점에서 비트코인 고점은 4월 5일 주에 발생했고, 이더리움 고점은 5월 10일 주에

출처: TradingView

발생했다. 2차 고점에서 비트코인 고점은 11월 8일 주에 발생했고, 이 더리움 고점은 11월 29일 주에 발생했다. 이처럼 이더리움 고점이 비 트코인 고점보다 항상 3~4주 정도 늦게 찾아오는 것을 확인할 수 있다. 비트코인이 고점을 찍은 이후에도 알트코인은 조금 더 열풍을 이어가 다 3~4주 정도 지연되어 고점을 형성한 후 사이클이 종료되는 것이다.

　이것은 다른 대부분의 알트코인도 마찬가지다. 비트코인에 이어 이 더리움마저 고점을 찍고 하락할 때 대부분의 알트코인의 운명 역시 하 락세로 돌아서게 된다. 물론 개별 코인마다 각각의 고점 타이밍은 달라질 수 밖에 없다. 하지만 전체적인 알트코인들의 가격 흐름은 대체로 비슷하게 흘러가는 경우가 많기 때문에, 위의 이더리움 차트와 유사한 형태를 띈다고 생각하면 된다.

단, 개별 알트코인들이 하나 하나 완전히 동일하게 움직이지는 않으므로 보유하고 있는 특정 코인이 다른 코인 대비 지나치게 가격이 상승한다거나 할 경우 다른 코인과 매도 타이밍을 굳이 동일하게 가져갈 필요는 없다. 먼저 크게 상승한 코인은 고점도 먼저 찍고 내려올 가능성이 크기에 선행 매도하는 경우도 충분히 생각해 봐야 한다. 어느 쪽이 되었건 포트폴리오를 구성해서 전체 알트코인의 평균으로 승부한다는 마음가짐을 잊지 않는다면 크게 수익률이 흔들리는 경우는 많지 않을 것이다.

마치며

알트코인 투자의 세계에 발을 내딛기 위해 이 책을 읽은 여러분은 아마도 높은 수익률을 기대하고 있을 것이다. 알트코인은 확실히 매력적인 자산이다. 제대로 접근한다면 기존의 투자 시장에서는 달성하기 어려운 높은 수준의 수익을 실현할 수 있는 기회를 제공한다. 하지만 이 시장은 결코 쉽게 부자가 되는 길을 열어주지는 않을 것이다. 알트코인 시장은 마치 예측 불가능한 해일과 같아서 투자자들에게 언제나 '큰 기회'와 함께 '큰 위험'을 동시에 안긴다. 그 안에서 살아남아 성공하려면 단순한 행운이나 직감에 의존해서는 안 되며, 시장을 깊이 이해하고 흐름을 꿰뚫어 보는 분석 능력을 갖추는 것이 필수다. 알트코인의 사이클을 파악하고, 가격 변동의 신호를 해석하며, 시장의 흐름을 읽는 능력이야말로 높은 수익을 올리기 위한 필수 요소다. 그리고 이 책이 여러분에게 그 능력을 제공하는 데 도움이 되었으면 하는 바람이다.

알트코인 투자에서 중요한 것은 흔들리지 않는 마음가짐과 냉철한 판단력이란 걸 강조하고 싶다. 급등과 급락이 반복되는 변동성 속에서 감정적인 판단을 피하고 차분하게 대응하는 것이 장기적인 성공으로 가는 열쇠다. 급격한 상승에 휘말려 욕심을 부리거나, 반대로 하락세에 조바심을 느껴 매도하는 것은 장기적인 성과를 해칠 수 있다. 이 책에서 배운 내용을 바탕으로 시장의 흐름을 겸허히 받아들이고 꾸준히 공부하는 자세를 유지한다면, 여러분은 시간이 지남에 따라 더욱 높아진 안목과 통찰력을 가질 수 있을 것이다.

때로는 손실을 보며 좌절할 때도 있을 것이다. 그러나 실패는 성공을 위한 값진 경험으로 남을 것이다. 알트코인 시장에서 수익을 내기까지는 인내심이 필수이며, 단기간에 큰 이익을 기대하기보다는 장기적인 관점에서 안정적으로 수익을 쌓아가겠다는 마음가짐이 필요하다. 포기하지 않고 꾸준히 나아간다면, 결국 여러분의 노력이 결실을 맺는 순간이 찾아올 것이다.

블록체인 기술과 그에 따른 암호화폐 시장은 아직 초기 단계에 있으며, 성장 가능성도 무궁무진하다. 앞으로 다가올 기술 혁신과 시장 변화 속에서 알트코인은 주요 투자 자산으로 자리 잡을 가능성이 높다. 하지만 그만큼 새로운 위험 요소가 늘어날 수도 있다. 이 기회를 최대한 활용하고자 한다면, 무엇보다도 현명하고 전략적인 접근이 필요하다. 남들이 투자한다고 무작정 따라가는 대신, 자신의 분석과 판단을 바탕으로 목표를 세우고 체계적인 계획을 수립하는 것이 중요하다. 앞으로 1년, 우리 앞에 인생을 바꿀 수 있을 정도의 엄청난 기회가 다가오고 있다. 이 기회를 잡기 위해선 용기가 필요하다. 알트코인은 단기간에 상상을 초월하는 수익을 안겨주기도 하지만, 얼굴이 녹을듯한 당황스러운 변동성도 동시에 가져다준다. 당신은 이 불덩이 같은 보물을 움켜쥘 자신이 있는가? 너무 겁내지 않았으면 좋겠다. 이 책은 바로 그 기회에 도전하고자 하는 여러분들을 위해 쓰여졌다. 결코 쉽지 않겠지만, 나아가는 과정을 통해 점점 더 강해질 것이며, 목표한 부를 이루는 날이 반드시 올 것이다.

여러분의 투자 여정을 진심으로 응원한다. 이 책에서 얻은 지식과 경험을 바탕으로 현명한 결정을 내리며 포기하지 않고 나아간다면, 목적지에 무사히 도착하는 순간이 결국은 찾아올 것이다. 부디 성공을 빌겠다.

Special thanks to

임태윤

부록

최고의 매수매도 타이밍을
잡기 위한 기술적 지표

가격 변동 추세를 알려주는
MA
Moving Average

1

　이동평균MA, Moving Average은 기술적 분석에서 자산의 가격 움직임을 이해하고 미래의 가격 변동을 예측하기 위해 널리 사용되는 도구다. 이동평균선(이평선)은 이동평균값을 이은 선으로 특정 기간 동안의 가격 데이터의 평균값을 계산해, 가격 변동의 노이즈(잡음)를 줄이고 추세를 파악하는 데 도움을 준다.

　이동평균선을 체계적으로 활용하고 대중화한 인물로 조셉 E. 그랜빌Joseph E. Granville을 들 수 있다. 그는 이동평균선이 가격에 대한 '지지와 저항'의 역할을 할 수 있음을 강조하고, 이를 통해 매매 신호를 포착하는 방법을 체계화했다. 그랜빌은 기술적 분석이 오늘날 많은 투자자들에게 중요한 도구로 자리 잡는 데 큰 영향을 미쳤다.

1. 이동평균선의 종류

① 단순이동평균SMA, Simple Moving Average

SMA는 특정 기간 동안의 종가를 단순히 산술평균하여 계산한다. 모든 데이터 포인트에 동일한 가중치를 부여한다. 예를 들어 10일 SMA는 최근 10일 동안의 종가를 합산한 후 10으로 나눈 값이 된다. 가장 기본적이고 단순한 형태의 이동평균선으로 트렌드의 방향을 이해하는 데 유용하지만, 최근 가격 변동에 대한 민감도가 낮다.

② 지수이동평균EMA, Exponential Moving Average

EMA는 최근 가격 데이터에 더 큰 가중치를 부여하여 계산한다. 최신 정보에 더 민감하게 반응하기 위해 사용된다. EMA는 초기값을 SMA로 설정하고, 이후에는 다음 공식을 사용해 계산한다.

EMA = (오늘의 종가 × 가중승수) + 어제의 EMA × (1 − 가중승수)

* 가중승수 = 2 ÷ (기간 + 1)

EMA는 최근의 가격 변동에 빠르게 반응하므로, 단기적인 가격 변동을 더 잘 포착할 수 있다. 그러나 SMA보다 더 민감하기 때문에 가끔 더 많은 '거짓 신호'를 발생시킬 수 있다.

출처: TradingView

③ 가중이동평균 WMA, Weighted Moving Average

　WMA는 각 가격 데이터에 서로 다른 가중치를 부여하여 평균을 계산한다. 가장 최근의 데이터에 가장 높은 가중치를 부여한다. 예를 들어 3일 WMA 계산 시에는 오늘 가격에 가중치를 3 부여하는 식이다. 최근 가격 변동에 더 집중하여 단기 추세를 분석하는 데 유용하다. WMA는 EMA보다도 더 최근 가격에 민감하게 반응한다.

　WMA = Σ(가격 × 가중치) ÷ Σ가중치

2. 이동평균선의 활용

이동평균선은 추세를 파악하는 데 사용된다. 가격이 이동평균선 위에 위치하면 상승 추세로, 아래에 위치하면 하락 추세로 해석할 수 있다. 장기 이동평균선(50일, 200일 등)은 중장기적인 추세를 파악하는 데 유용하며, 단기 이동평균선(5일, 10일 등)은 단기적인 추세를 파악하는 데 유용하다.

골든 크로스Golden Cross는 단기 이동평균선이 장기 이동평균선을 상향 돌파할 때 발생하며, 이는 강한 상승 신호로 해석된다. 예를 들어, 50일 이동평균선이 200일 이동평균선을 상향 돌파하는 경우가 해당된다.

■ 이동평균선을 활용한 추세 파악

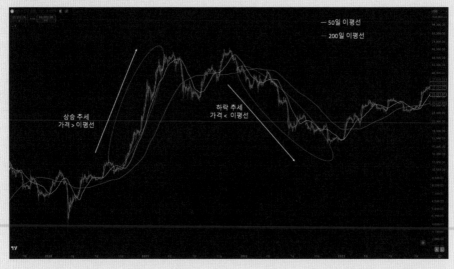

출처: TradingView

알트코인 하이퍼 사이클

■ 이동평균선 골든 크로스와 데드 크로스

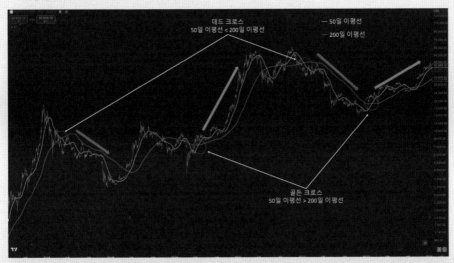

출처: TradingView

데드 크로스Dead Cross는 단기 이동평균선이 장기 이동평균선을 하향 돌파할 때 발생하며, 이는 강한 하락 신호로 해석된다.

이동평균선은 지지선과 저항선으로 작용할 수 있다. 상승 추세에서 이동평균선은 가격의 지지선 역할을 하며, 하락 추세에서는 저항선 역할을 한다. 예를 들어 가격이 50일 이동평균선에 접근할 때 반등할 경우, 그 이동평균선이 지지선으로 작용하고 있다는 걸 의미한다.

이동평균선은 매수와 매도 시점을 포착하는 데에 사용할 수 있다. 예를 들어 가격이 이동평균선을 상향 돌파할 때를 매수 신호로, 하향 돌파할 때를 매도 신호로 해석할 수 있다. EMA와 같은 지표를 사용하면 더 민감한 신호를 포착할 수 있으며, SMA를 사용하여 장기적인 추

■ 지지선과 저항선으로 작용하는 이동평균선

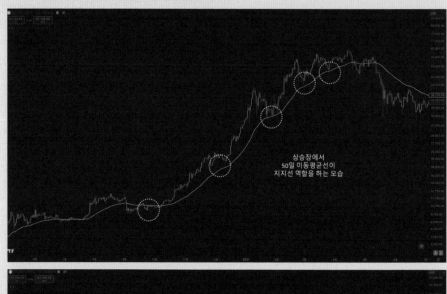

상승장에서
50일 이동평균선이
지지선 역할을 하는 모습

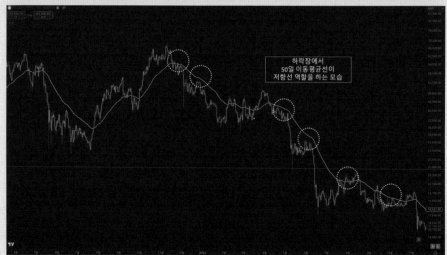

하락장에서
50일 이동평균선이
저항선 역할을 하는 모습

출처: TradingView

알트코인 하이퍼 사이클

■ 가격의 이동평균선 돌파 여부로 보는 매수 및 매도 신호

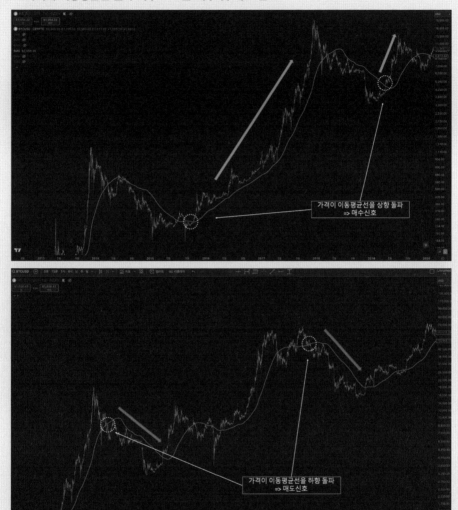

출처: TradingView

세를 확인할 수 있다.

이동평균선은 RSI, MACD, 볼린저 밴드와 같은 다른 기술적 지표와 결합하여 더 강력한 매매 전략을 세울 수 있다. 예를 들어 이동평균선에서 매수 신호가 나타나고 RSI가 과매도 상태에 있다면, 이 신호들의 신뢰도를 높게 평가할 수 있다.

3. 정배열과 역배열

① 정배열Bullish Alignment

이동평균선들이 특정한 순서로 배치되어 있어, 자산 가격이 상승 추세에 있음을 나타내는 상태를 말한다. 정배열에서 단기 이동평균선이 장기 이동평균선 위에 위치하는데, 짧은 기간의 이동평균선부터 긴 기간의 이동평균선이 위에서부터 아래쪽으로 차례대로 배열된다. 예를 들어 '20일 이동평균선 > 50일 이동평균선 > 100일 이동평균선 > 200일 이동평균선'으로 배열되는 것이다.

이 상태는 시장이 상승 추세에 있음을 나타내며, 추가적인 상승 가능성을 시사한다. 정배열은 강한 상승 추세를 나타내며, 매수 신호로 해석한다. 따라서 투자자들은 이 시점에서 자산을 매수하는 것을 고려할 수 있다.

이동평균선들이 특정한 순서로 배치되어 있어, 자산 가격이 하락 추세에 있음을 나타내는 상태를 말한다. 역배열에서 단기 이동평균선이 장기 이동평균선 아래에 위치하는데, 긴 기간의 이동평균선부터 짧은 기간의 이동평균선이 위에서부터 아래쪽으로 차례대로 배열된다. 예를 들어 '200일 이동평균선 > 100일 이동평균선 > 50일 이동평균선 > 20일 이동평균선'으로 배열되는 것이다.

이 상태는 시장이 하락 추세에 있음을 나타내며, 추가적인 하락 가능성을 시사한다. 역배열은 강한 하락 추세를 나타내며, 매도 신호로 해석한다. 따라서 투자자들은 이 시점에서 자산을 매도하는 것을 고려할 수 있다.

4. 이동평균선의 한계

이동평균선은 후행 지표로, 가격 변동에 대한 반응이 지연될 수 있다. 특히 SMA는 가격 변화에 늦게 반응할 수 있으며, 이로 인해 급격한 가격 변동에 적절히 대응하지 못 할 수 있다.

또한 횡보장에서는 신뢰도가 저하된다. 이동평균선은 추세가 명확한 시장에서 더 유용하지만, 횡보장(박스권)에서는 거짓 신호가 많이 발생할 수 있다. 이는 잦은 매매로 이어질 수 있으며, 결과적으로 손실을 초래할 수 있다.

5. 결론

이동평균선은 기술적 분석에서 추세를 파악하고, 지지 및 저항 수준을 식별하며, 매매 신호를 포착하는 데 중요한 도구다. 다양한 종류의 이동평균선을 활용하여 시장 상황에 맞는 분석을 수행할 수 있으나, 다른 기술적 지표와 결합하여 신뢰성을 높이는 것이 좋다. 이동평균선은 후행 지표이므로, 시장의 급격한 변동에 대응하기 위해서는 다른 지표와 함께 사용하거나 적절한 리스크 관리 전략을 병행하는 것이 중요하다.

시장의 과매수 과매도 상태를 알려주는
RSI
Relative Strength Index

2

1. RSI의 개념

RSI는 주식, 암호화폐, 외환 등 다양한 금융 자산의 가격 변동성을 분석하는 데 사용되는 인기 있는 기술적 지표 중 하나다. 1978년 웰레스 와일더J. Welles Wilder Jr.에 의해 개발된 이 지표는 특정 자산이 과매수 또는 과매도 상태에 있는지를 평가하는 데 도움을 준다. RSI는 가격 모멘텀을 측정하여 투자자들이 매수 또는 매도 신호를 포착하는 데 유용하게 활용할 수 있다.

2. RSI의 계산

RSI는 주어진 기간 동안 자산의 평균 상승폭과 평균 하락폭을 비교하여 계산한다. 가장 일반적으로 사용되는 기간은 14일이다.

- **단계 1: 평균 상승폭(Average Gain)과 평균 하락폭(Average Loss) 계산**

  – 특정 기간(일반적으로 14일) 동안의 상승일과 하락일의 평균

  – Average Gain = (지난 14일 기간 동안의 상승폭 합계) ÷ 14

  – Average Loss = (지난 14일 기간 동안의 하락폭 합계) ÷ 14

- **단계 2: 상대강도(RS, Relative Strength) 계산**

  – RS = Average Gain ÷ Average Loss

- **단계 3: RSI 계산**

  – RSI = 100 − (100 ÷ (1 + RS))

예를 들어 14일 동안의 데이터가 있다고 가정하면, 처음 14일 동안의 평균 상승과 하락을 계산하고, 이를 기반으로 RS와 RSI를 계산한다. 이후 매일 RSI를 갱신하면서 최신 데이터를 반영한다.

3. RSI의 해석

RSI 값은 0에서 100 사이의 범위를 가지며, 일반적으로 다음과 같이 해석한다.

RSI 값이 70 이상일 경우, 자산이 과매수 상태에 있으며 가격 조정 또는 하락을 예상할 수 있으며, 이는 매도 신호로 해석할 수 있다.

RSI 값이 30 이하일 경우, 자산이 과매도 상태에 있으며 가격 반등 또는 상승을 예상할 수 있으며, 이는 매수 신호로 해석할 수 있다. 만약

▪ RSI 값에 따른 해석

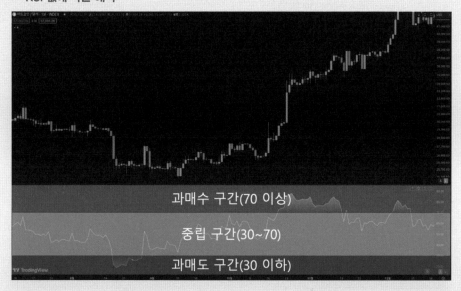

과매수 구간(70 이상)

중립 구간(30~70)

과매도 구간(30 이하)

출처: TradingView

▪ 과매수(Overbought) 구간 도달 후 흐름

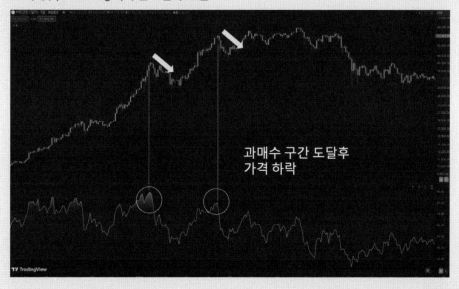

과매수 구간 도달후
가격 하락

출처: TradingView

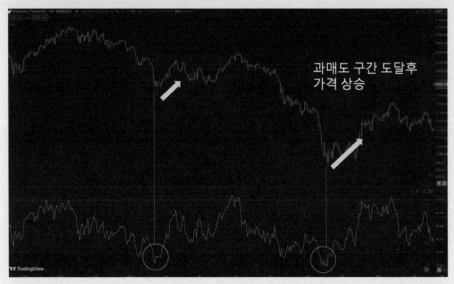

과매도 구간 도달후
가격 상승

출처: TradingView

RSI 값이 30에서 70 사이의 중립 구간에 있을 경우, 자산이 중립 상태에 있으며 특별한 매수 또는 매도 신호가 없는 상태이다.

4. RSI의 활용 전략

RSI가 30 이하로 떨어지면 매수 신호로 간주하고, 70 이상으로 상승하면 매도 신호로 간주할 수 있다.

가격이 새로운 고점을 기록하는 동안 RSI가 새로운 고점을 기록하지 못하거나, 가격이 새로운 저점을 기록하는 동안 RSI가 새로운 저점을 기

■ RSI를 활용한 매수/매도 신호 포착

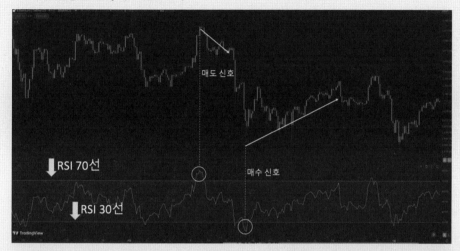

매도 신호

RSI 70선

매수 신호

RSI 30선

출처: TradingView

■ 상승 다이버전스(Divergence)

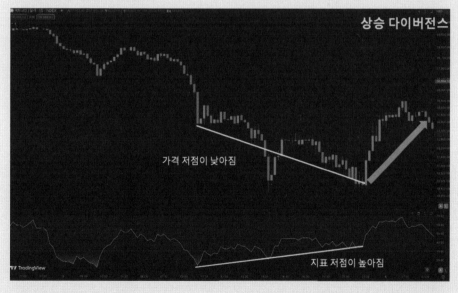

상승 다이버전스

가격 저점이 낮아짐

지표 저점이 높아짐

출처: TradingView

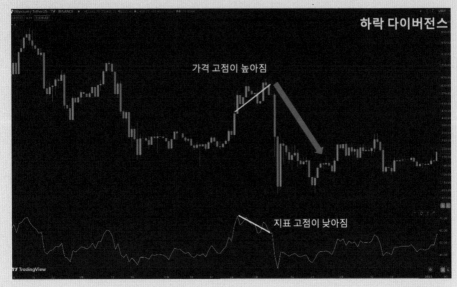

출처: TradingView

록하지 못하면 다이버전스, 즉 가격의 추세와 RIS 값이 서로 다르게 흐르는 상황이 발생한다. 이는 추세 반전의 신호일 수 있다. 만약 가격은 하락하지만 RSI는 상승하는 경우, 이는 강세 전환의 신호로 볼 수 있다.

만약 가격은 상승하지만 RSI는 하락하는 경우, 이는 약세 전환의 신호일 수 있다.

RSI 값을 활용해 추세를 판단하고자 할 경우, RSI 값이 50 이상일 때 상승 추세로 볼 수 있으며, 50 이하일 때 하락 추세로 볼 수 있다. 또한 RSI 값은 50선에서 지지 또는 저항을 나타내는 경우가 많다. RSI가 50 이상에서 지지되는 경우, 이는 강한 상승 추세를 의미할 수 있다.

5. RSI의 한계

첫째, 변동성 시장에서의 신호 오작동이다. RSI는 변동성이 큰 시장에서는 자주 과매수 또는 과매도 신호를 생성할 수 있으며, 이는 오작동 신호가 될 수 있다. 변동성이 큰 시장에서는 RSI의 신호가 신뢰할 만한 신호가 아닐 수 있다.

둘째, 추세 시장에서의 신호 약화이다. 강한 상승 또는 하락 추세에서는 과매수 또는 과매도 상태가 지속될 수 있어 RSI 신호의 신뢰성이 떨어질 수 있다. 이 경우 RSI는 잠시 동안 과매수 또는 과매도 상태에 머물며, 이로 인해 잘못된 신호를 줄 수 있다.

■ RSI의 한계

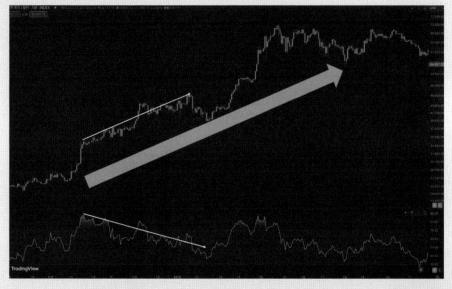

출처: TradingView

6. 결론

RSI는 투자자들이 시장의 과매수 또는 과매도 상태를 판단하고, 매수 및 매도 신호를 포착하는 데 유용한 기술적 지표다. 그리고 너무 변동성이 심하거나 너무 추세가 강하지 않은 '적절한 추세가 이어지는 경우'에 있어, 과매수와 과매도 구간을 확인하는 가장 좋은 지표 중 하나다. 더 정확한 거래 결정을 내리기 위해 RSI는 단독으로 사용하기보다는 다른 기술적 지표와 함께 활용하는 것이 좋다.

상승 모멘텀과 하락 모멘텀을 알려주는
MACD

3

Moving Average Convergence Divergence

MACD는 두 가지 이동평균(날짜를 기준으로 일정한 기간 동안 기록한 가격의 평균값) 간의 관계를 보여주며, 추세의 방향과 강도를 파악하는 데 도움을 준다. MACD의 개발자는 제럴드 아펠Gerald Appel로 1970년대 후반에 MACD를 개발했다. 이후 MACD는 기술적 분석의 중요한 도구로 자리 잡았다. 아펠은 MACD를 통해 가격의 움직임에서 발생하는 추세와 모멘텀을 보다 명확하게 파악할 수 있도록 했으며, MACD는 현재까지도 주식, 외환, 암호화폐 등 다양한 금융 시장에서 널리 사용되고 있다.

1. MACD의 구성 요소

MACD는 MACD 선, 시그널 선, 히스토그램 등 3가지 주요 요소로 이루어져 있다.

MACD 선은 두 개의 이동평균의 차이를 나타낸다. 일반적으로 12

■ MACD의 구성 요소

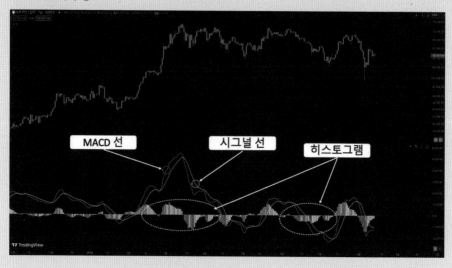

출처: TradingView

일 지수이동평균EMA, Exponential Moving Average에서 26일 지수이동평균을
뺀 값이다. 지수이동평균은 일반적인 단순이동평균과 달리 최근 값에
가중치를 두고 계산한 값이다. MACD 선은 곧 단기 이동평균과 장기
이동평균의 차이를 나타내며, 현재 시장의 동향을 반영한다.

시그널 선Signal Line은 MACD 선의 9일 이동평균이다. 시그널 선은
MACD 선의 추세를 부드럽게 하여 매수와 매도 신호를 포착하기 쉽게
만든 선이라고 생각하면 된다.

- MACD 선: 12일 EMA − 26일 EMA
- 시그널 선: MACD 선의 9일 EMA

히스토그램Histogram은 MACD 선 과 시그널 선 간의 차이를 시각적으로 나타내는 도구이다. 히스토그램 막대가 0선(흰색 가로선) 위에 위치한다면, 이는 MACD 선이 시그널 선 위에 있음을 의미하며, 상승 모멘텀이 강하다는 신호로 해석할 수 있다. 이때, 히스토그램 막대는 초록색으로 표시된다.

반대로 히스토그램이 0선 아래에 위치한다면, 이는 MACD 선이 시그널 선 아래에 있음을 나타내며 하락 모멘텀이 강하다는 의미다. 이 경우 히스토그램 막대는 빨간색으로 표시된다. 히스토그램의 높이는 현재 추세의 강도, 즉 상승이나 하락 추세의 강도를 반영한다.

2. MACD의 해석

MACD 선(파란색)이 시그널 선(노란색)을 상향 돌파해 히스토그램 막대가 빨간색에서 초록색으로 전환될 경우 상승 모멘텀으로 해석할 수 있다.

MACD 선(파란색)이 시그널 선(노란색)을 하향 돌파해 히스토그램 막대가 초록색에서 빨간색으로 전환될 경우 하락 모멘텀으로 해석할 수 있다.

MACD 선과 시그널 선 사이의 간격이 커질수록 히스토그램 막대의 크기도 커지고, 두 선 사이의 간격이 좁아질수록 히스토그램 막대의 크기도 작아진다. 즉, 두 선 간의 차이가 클수록 히스토그램이 더 크게 나

■ 상승 모멘텀

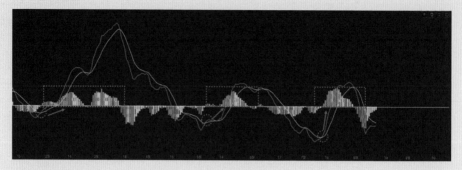

■ 하락 모멘텀

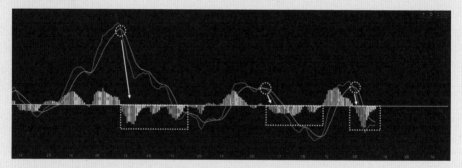

■ 두 선의 간격과 히스토그램 크기의 관계

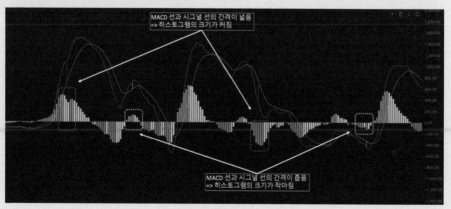

알트코인 하이퍼 사이클

■ 추세에 따른 히스토그램 막대 모양의 변화

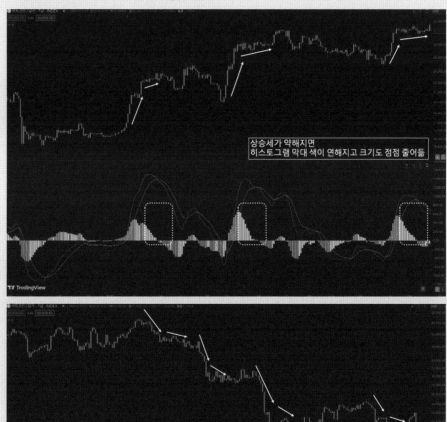

상승세가 약해지면
히스토그램 막대 색이 연해지고 크기도 점점 줄어듦

하락세가 약해지면
히스토그램 막대 색이 연해지고 크기도 점점 줄어듦

출처: TradingView

타나며, 차이가 줄어들면 히스토그램도 작아진다.

　앞의 사진상에서 보듯이 상승세의 추세가 약해질 때 히스토그램 초록색 막대의 색이 연해지고, 크기도 점차 줄어든다. 반면 하락세의 추세가 약해질 경우 히스토그램 빨간색 막대의 색이 연해지고, 크기도 점차 줄어든다.

3. MACD의 활용 전략

■ 골든 크로스

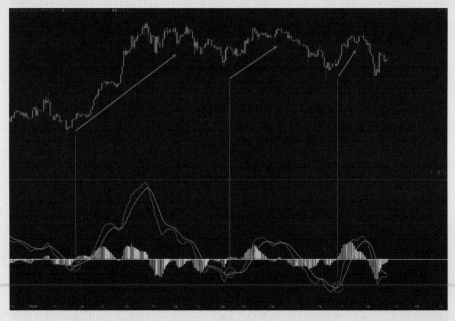

출처: TradingView

알트코인 하이퍼 사이클

골든 크로스는 MACD 선이 시그널 선을 아래에서 위로 교차할 때 발생하며, 이는 강한 매수 신호로 해석된다. 이 시점은 상승 추세의 시작을 나타낼 수 있다.

데드 크로스는 MACD 선이 시그널 선을 위에서 아래로 교차할 때 발생하며, 이는 강한 매도 신호로 해석된다. 이 시점은 하락 추세의 시작을 나타낼 수 있다.

제로라인 크로스는 제로 라인, 즉 0을(하얀색 가로선) 기준으로 MACD 선의 움직임을 살펴보는 전략이다. 0을 상향 돌파할 때 매수 신호로,

■ 데드 크로스

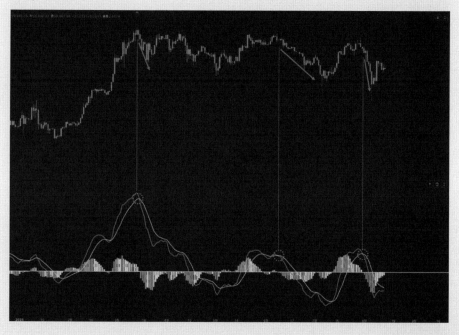

출처: TradingView

■ 제로라인 크로스(Zero Line Cross)

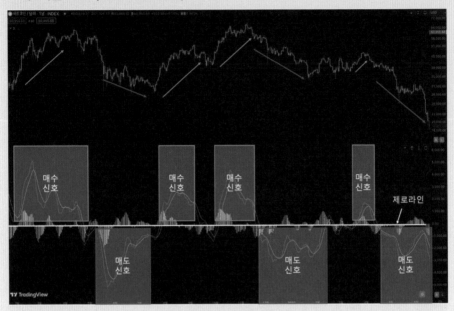

출처: TradingView

하향 돌파할 때 매도 신호로 해석된다. MACD가 0선 위에 있으면 상승
모멘텀을 나타내고, 0선 아래에 있으면 하락 모멘텀을 나타낸다.

　　MACD를 단기 및 장기 트레이딩에 활용할 경우 짧은 기간의 MACD
설정(ex. 6일 EMA와 12일 EMA)을 사용하여 단기 매매 기회를 포착할 수
있으며, 표준 설정(12일 EMA와 26일 EMA)을 사용하여 장기 추세를 따라
가는 전략을 구사할 수 있다.

알트코인 하이퍼 사이클

4. MACD의 한계

MACD는 여러 장점이 있지만, 모든 시장 상황에서 효과적이지는 않다. 특히 횡보장(박스권)에서는 MACD의 신호가 잦은 오류를 나타낼 수 있다. 또한 MACD는 '후행 지표'로서 시장 추세에 대한 반응이 지연될 수 있는 지표다. 따라서 MACD를 사용할 때는 항상 리스크 관리는 물론 다른 분석 도구를 병행하는 것이 중요하다.

■ MACD의 한계가 드러나는 횡보장 구간

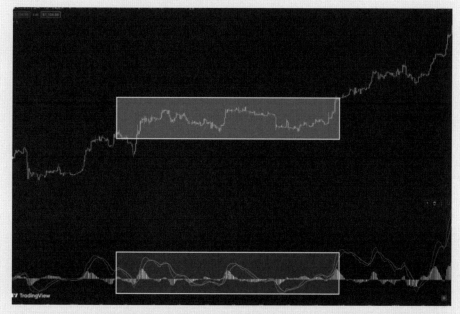

출처: TradingView

5. 결론

MACD는 매우 유용한 기술적 분석 도구로, 추세의 방향성과 모멘텀을 파악하는 데 도움을 준다. 그러나 MACD 역시 다른 지표들처럼 단독으로 사용하기보다는 다른 지표와 함께 사용하는 것이 더 효과적이다. MACD의 신호를 해석하고 활용하는 데 있어서는 경험과 연습이 필요하며, 시장 상황에 맞는 전략을 사용하는 것이 중요하다.

ALTCOIN
HYPER
CYCLE

부록

알트코인
포트폴리오의 예시

이 책의 본문을 통해 알트코인 투자는 포트폴리오 구성이 매우 중요하다는 점을 여러 차례 설명했다. 하지만 암호화폐 투자가 처음이라면 대체 어떤 식으로 포트폴리오를 짜야 하는 것인지 명확하게 파악하기 힘들 것이다. 그런 독자분들을 위해 포트폴리오를 구성하는 예시를 보여주고자 한다.

본문에서 총 7개의 카테고리별로 대표적인 코인들을 대략 100개가량 소개했다. 참고로 본문에 실린 코인들은 어디까지나 각 카테고리의 대표적 코인일 뿐이지, 최고의 투자가 되는 코인이라는 뜻은 아니다. 기본적으로는 본문에 소개된 코인들로 충분히 좋은 포트폴리오를 짤 수 있겠지만 각자 공부를 통해 더 좋은 코인을 발견했다면 얼마든지 매수해도 좋다.

알트코인은 그 종류만 1만 가지가 훨씬 넘는다. 그 모든 코인을 소개할 수도 없을뿐더러, 어떤 코인이 최고의 코인인지 옥석을 가려내는 것도 쉽지 않다. 개중에는 분명 이 책에 소개되지 않은 코인 중에서도 훌륭한 수익률을 만들어 줄 보물 같은 코인이 숨어 있을 수 있다. 알트코인의 세계를 마치 보물이 가득 숨겨진 보물섬처럼 생각하고, 남들이 미처 발견하지 못한 좋은 코인들을 찾아내기 위해 열심히 공부해 보는 것을 추천한다. 노력한 만큼 더 좋은 수익률을 거둘 수 있을 것이다.

물론 아무리 좋은 코인을 발견했더라도 지나친 집중 투자는 금물이다. 알트코인은 어디까지나 분산 투자를 철칙으로 삼아야 한다. 다음 예시를 통해 알트코인 포트폴리오 짜기에 대한 구체적인 방법을 알아보자. 단, 아래 나오는 포트폴리오들은 어디까지나 예시일 뿐 반드시 이렇게 투자하라는 지침이 아님을 유의하길 바란다.

포트폴리오 구성하기

- 1단계: 본인의 투자 성향 파악(공격형, 중립형, 보수형)
- 2단계: 비트코인 vs. 알트코인 비중 선택
- 3단계: 몇 개의 알트코인에 투자할지 선택
- 4단계: 시가총액 및 카테고리별 코인 선택
- 5단계: 가격 추적 및 리밸런싱

우선 본인의 투자 성향을 파악하자. 공격형이라면 전체 투자금에서 알트코인 비중을 40~50%까지 올릴 수 있다. 중립형이라면 20~40%, 보수형이라면 10~20%로 비트코인 대비 알트코인의 비중을 설정하자. 정리하면 다음과 같다.

포트폴리오 내 알트코인 비중 (* 나머지는 비트코인)

- 공격형: 40~50%
- 중립형: 20~40%
- 보수형: 10~20%

2단계 비중 설정까지 마무리했으면 다음으로 몇 개의 알트코인에 투자할지 결정하자. 공격적일수록 더 소수의 알트코인에 집중하여 수익률 극대화를 노리고, 보수적일수록 더 다수의 알트코인에 분산하여 변동성을 줄일 수 있다. 예를 들면 아래와 같다.

- 공격형: 알트코인 5개 투자
- 중립형: 알트코인 10개 투자
- 보수형: 알트코인 20개 투자

몇 개의 알트코인에 투자할지 숫자 자체에 너무 집착할 필요는 없다. 공격형이라고 꼭 5개만 투자해야 하는 것은 아니다. 7개를 해도 되고, 8개를 해도 된다. 어디까지나 예를 든 것에 불과하니 참고하자. 또한 코인 개수가 적다고 무조건 위험해지고, 많다고 무조건 안전해지는 것은 아니다. 이더리움, 솔라나 같은 시가총액이 높은 코인들로만 투자한다면 투자 코인 개수가 적어도 상대적으로 안전할 것이고, 시가총액이 낮은 코인들만 투자한다면 투자하는 코인 개수가 많아도 오히려 더 위험할 수 있다. 시가총액에 따른 위험도까지 고려하여 투자하는 코인의 개수를 설정해야 하는 이유다.

집중 투자할지 분산 투자할지를 정했다면 다음으로 본문에 소개된 총 7개의 섹터를 기준으로 코인을 선별해 보자. 이때 전체 포트폴리오 내에서 시가총액이 높은 코인부터(로우 리스크-로우 리턴) 시가총액이 낮은 코인까지(하이 리스크-하이 리턴) 다양하게 선별하는 게 좋다. 그래야 리스크를 적당하게 관리하면서 높은 수익률을 노릴 수 있기 때문이다.

예를 들면 다음과 같은 포트폴리오를 구성할 수 있다.

중립형 투자자 포트폴리오 예시(괄호 안은 티커 및 집필 시점 시가총액 순위)

- 레이어1: 이더리움(ETH-2위), 솔라나(SOL-4위), 수이(SUI-14위)

- 레이어2: 아비트럼(ARB-40위)

- 밈: 도지코인(DOGE-7위), 위프코인(WIF-36위)

- AI: 인젝티브(INJ-45위)

- RWA: 메이커(MKR-70위)

- 디파이: 주피터(JUP-66위)

- 메타버스&게이밍: 빔(BEAM-81위)

중립형(기본형) 기준으로 위와 같이 총 10개의 코인으로 포트폴리오 예시를 구성해 보았다. 여러 카테고리에 걸쳐 다양한 시가총액의 코인을 집어넣음으로써 변동성과 수익률의 균형을 맞췄다. 주의해야 할 점은 위와 같은 구성에 너무 집착하지 않는 것이다. 5개의 코인만 투자하는 사람이라면 당연히 7개 카테고리를 모두 포함하지 못할 것이다. 또한 적은 개수의 코인에만 투자하더라도, 시가총액이 높은 코인들로만 구성한다면 로우 리스크가 될 것이다. 위의 포트폴리오는 어디까지나 밸런스 좋은 구성의 예시를 보여주기 위함일 뿐, 정답이 아니다.

좋은 포트폴리오에 정답은 없다. 각자가 스포츠 팀의 감독이 되었단 생각으로 나만의 선수(코인)들을 선발하여 적절하게 팀을 구성해 보자. 시가총액이 높은 코인들은 리스크가 낮지만 수익률도 상대적으로 약한 수비수 포지션이 될 것이다. 반면, 시가총액이 낮은 코인들은 리스크가 큰 대신 수익률도 굉장할 가능성이 있다. 축구에는 감독에 따라 수비수가 많은 포지션을 구성하는 감독이 있고, 공격수 위주의 전략을 짜는 감독도 있다. 포트폴리오도 마찬가지다. 여러분은 어떤 스타일의 감독인가? 그리고 여러분의 팀(포트폴리오)을 어떤 식으로 짜기를 원하는가? 이런 고민을 하는 과정 자체가 좋은 공부이며 투자의 가장 재미있는 부분 중 하나이다. 꼭 직접 포트폴리오를 짜서, 자신만의 팀을 멋지게 구성하고 《알트코인 하이퍼 사이클》에서 배운 전략대로 훌륭하게 운영해 보기 바란다. 이 시즌이 끝날 때 즈음, 여러분이 최고의 성적을 거두게 되기를 진심으로 응원한다.

알트코인 하이퍼 사이클

1판 1쇄 발행 2024년 12월 23일
1판 3쇄 발행 2025년 1월 13일

ⓒ 신민철, 2024

지은이	신민철
펴낸곳	거인의 정원
출판등록	제2023-000080호(2023년 3월 3일)
주소	서울특별시 강남구 영동대로602, 6층 P257호
이메일	nam@giants-garden.com